〈出雲〉という思想

近代日本の抹殺された神々

原　武史

講談社学術文庫

まえがき

本書は〈出雲〉に関する研究書である。これまで多くの場合、出雲といえば、古代史の舞台として言及されてきた。だが〈出雲〉とは、古代史ばかりでなく、幕末から明治維新を経て、昭和に至るまでの近代史にあっても、きわめて重要な役割を果たした思想的トポスだったのではないか——これが本書を貫く基本的視点である。

ここでいう〈出雲〉とは、本文でも述べるように、島根県東部の旧国名というよりは、むしろ出雲大社、もしくはそこに祀られた（る）スサノヲノミコト（以下、スサノヲと略す）やオホクニヌシノカミ（以下、オホクニヌシと略す）を中心とする神々に象徴される場所を意味している（出雲大社の祭神は、明治維新とともに正式にオホクニヌシとされたが、それ以前はスサノヲなのかオホクニヌシなのかはっきりしなかった）。同時にそれは、伊勢神宮、もしくはその内宮に祀られるアマテラスオホミカミ（以下、アマテラスと略す）を中心とする神々に象徴される場所を意味する〈伊勢〉の対概念としても用いられている。

ではなぜ、〈出雲〉というトポスは、近代日本にあって重要な意味をもったということができるのか。それは、明治維新をどう見るかという問題とかかわっている。しばしば誤解されるようであるが、明治維新とは単なる「封建」から「近代」への第一歩ではなかった。「神武創業之始」に帰ることをうたった王政復古の沙汰書には、維新の復古的性格がよく現れている。それは決して、一時しのぎのスローガンに終わったのではない。江戸時代には仏教の陰に隠れ、一般には不振であった神道を大々的にもちだしたり、国学者を政治の舞台に登場させたりしたのも、幕府に代わる天皇の新たな支配を正当化するために、政府が一時的に利用しただけにとどまらなかった。その影響は、文明開化が進んだ後の世に至るまで、深く残ったのである。

このことは、明治二十年代に、大日本帝国憲法と教育勅語が発布され、いわゆる天皇制国家の基盤が確立された後も、もちろん当てはまる。例えば教育勅語に出てくる「国体」という言葉は、水戸学者の一人であった会沢正志斎《あいざわせいしさい》の『新論』に由来するが、その思想は同時に、幕末期に興隆し、明治政府により採用された神道(これを「復古神道」という)とも深くかかわっている。また大日本帝国憲法の第一条「大日本帝国ハ万世一系ノ天皇之《こ》レヲ統治ス」には、天皇は伊勢神宮に祀られたアマテラスから連綿と続く子孫であり、この〈伊勢〉の系統をひく天皇だけが正統的な日本の支配者であるという思想が内包されているが、これもまた水戸学とともに、復古神道の影響を受けている。

復古神道は、江戸時代後期に起こった国学を母体としている。国学とは『古事記』や『日本書紀』など、古代日本の文献を「実証的」に探究することで、日本古来の固有の道を明らかにしようとする学問のことであり、本居宣長《もとおりのりなが》、平田篤胤《ひらたあつたね》をはじめ、多くの学者が輩出したが、当然ながらその方法は、一様でなかった。テキストの選択だけでも、日本古来の道を最もよく残した文献として、『古事記』を重視するのか、『日本書紀』を重視するのか、同じ『日本書紀』を重視するにしても、「本文」を重視するのか、それとは別に書かれた「一書」を重視するのか、あるいは風土記をそこに加えるのかなど、さまざまな組み合わせがあり得た。

しかも、これらの神話や物語に登場するのは、アマテラスやその子孫だけではなかった。そこには、実に多くの神々が登場しており、いずれも複雑で豊かな内容をもっていた。なかでもスサノヲやオホクニヌシをはじめとする〈出雲〉の神々が、記紀や風土記（とりわけ『出雲国風土記』）で大きな役割を果たしていることは、よく知られている通りである。それらの神々は、決してアマテラスやその子孫をはじめとする〈伊勢〉の神々の、単なる脇役ではなかった。どのテキストのどの部分を重視し、どの神を中心に神話や物語を解釈するのか、それによって何種類もの日本古来の道＝神道が出てくる可能性があった。

こうして見ると、天皇制国家の下で確立された神道（これを「国家神道」という）というのも、あくまでその一つから発しているにすぎず、教育勅語や大日本帝国憲法に現れた解釈も、当時の公式的な解釈でしかなかったことがわかるであろう。復古神道の内実は多様であり、それらのすべてがストレートに明治の国家神道につながったわけではなかった。なかにはむしろ、それとは相反する別の流れもあったのである。

具体的にいえば、本居宣長の晩年の神学を継承し、〈出雲〉の神々に着目した平田篤胤が、この流れの原点にいる。篤胤はそれまでの国学を、復古神道として宗教化し、オオクニヌシを中心とする独自の神学を作り出した。この篤胤神学が与えた思想的影響はきわめて大きく、門人の間に反発を招きながらも復古神道の一つの大きな流れになり、明治政府が維新に際して、復古の名のもとに作ろうとしたアマテラスや造《ぞう》化三神《かさんじん》（記紀神話の冒頭に登場する三神）を中心とする神道とは異なる解釈を、堂々と主張するようになるのである。

そもそも出雲大社では、出雲国造《いずもこくそう》と呼ばれる世襲の神主が、祭祀をつかさどっていた。出雲国造は、国造制が消えたはるか後の近代日本にあっても、全国でただ一つ国造を名乗っており、その祖先は天皇と同じく、アメノホヒノミコトという神とされていた。つまり出雲国造とは、天皇と並ぶもう一人の「生き神」であったのであり、天皇にも匹敵する宗教的な権威をもっていたのである。しかも天皇の権威が、明治になって作られた要素が多かったのに対して、出雲国造の権威はそれ以前からあり、特に中国、四国地方を中心とする西日本では、その存在は明治以前からよく知られていた。このような権威をもつ出雲国造であった千家尊福《せんげたかとみ》という人物が、明治になって篤胤以来のオオクニヌシを中心とする神学を受け入れたことで、出雲が伊勢に対立する思想的中心となっていったことは、注目に値する。

近代日本の「国体」や国家神道を正面から批判したり、それに抵抗した思想としては、キリスト教やマルクス主義がよく知られている。一方は超越的な唯一神という立場から、他方は唯物論的な立場から、「国体」や国家神道の欠陥や非合理性をつくという方法をとった。しかしいずれも、西洋から輸入された思想であり、一般の民衆には浸透せず、一部のエリートだけの散発的な運動に終わった。これに対して千家尊福らの思想は、復古神道という、土着のより大きな思想的流れの中から出てきた。本居宣長と平田篤胤の神学を受け継いだ、出雲大社を中心とする数多くの神官の中から出てきたのである。

彼らはもちろん、〈出雲〉の神の存在を信じていた。人々に対して、神道が宗教であるためには、アマテラスよりもオホクニヌシをまず崇敬しなければならないと真剣に説いたわけである。この出雲国造を中心とする運動は、明治維新により復古神道が持ち上げられたことが幸いして、全国に広がることになる。キリスト教やマルクス主義のような、一見して「異端」とわかる思想とは異なり、神道を信奉しているために、政府としては、にわかにこの運動を禁止したり、弾圧したりするわけにもいかなかった。だがそれは、明治政府の天皇の絶対性保持を第一目的とする、アマテラス中心の神道解釈と、当然のことながら激しくぶつかることになる。そしてついには、〈伊勢〉から〈出雲〉が「国体」に反する思想と見なされ、勅裁（天皇による裁決）によりしりぞけられるのである。神道の宗教性を否定した国家神道の成立の要因も、ここにあった。

明治維新とともに歴史の表舞台に現れ、天皇制国家にも思想的影響を与えた復古神道の流れに属しながら、明治政府、さらには〈伊勢〉に神学的に対立し、抹殺されていった〈出雲〉。〈出雲〉という思想的場所に徹底してこだわることで、幕末から維新、さらには近代日本全体にわたる、もう一つの思想史が見えてくるのである。

本書は、第一部と第二部に分かれている。第一部「復古神道における〈出雲〉」は、本居宣長から大本《おおもと》教団の出口王仁三郎《でぐちおにさぶろう》、さらには戦後の折口信夫《おりくちしのぶ》に至るまでの、近世、近代の日本における〈出雲〉思想の屋台骨を支えた人々の軌跡を描いた、いわば総論に当たる。第二部「埼玉の謎——ある歴史ストーリー」は、この問題を明治初期の埼玉県の成立に即して論じた、いわば各論に当たる。両者はセットになっている。

目次

凡例

＊本書では、神々の名は原則的にすべて片仮名とし、初出時に出典や漢字を併記する方法をとった。年号は西暦を優先し、元号を括弧に入れた。このため、太陽暦が導入される一八七三（明治六）年までの月は、すべて陰暦であることを表示した。

＊本書における引用文献の出典は、基本的には各章末の注に一括して記したが、次の文献に関しては略号で示し、本文中に書名・巻・頁数を記した。したがって、例えば（本十、一一八）とあれば『本居宣長全集』第十巻の一一八頁、（神二十七、三三二）とあれば『神道大系　論説編二十七　諸家神道（上）』三三二頁を意味する。

本　『本居宣長全集』（筑摩書房、一九六八〜八七年）
平　『平田篤胤全集』（一致堂、一九一一〜一三年）
新平　『新修　平田篤胤全集』（名著出版、一九七七〜七八年）
佐上　『佐藤信淵家学全集』上巻（岩波書店、一九二五年）
大　『大国隆正全集』（有光社、一九三七〜三九年）
神二十七　『神道大系　論説編二十七　諸家神道（上）』（神道大系編纂会、一九八八年）
神二十八　『神道大系　論説編二十八　諸家神道（下）』（神道大系編纂会、一九八八年）

＊本書に登場する人物の生没年に関しては、明治以前に生まれた人物については西暦と元号を併記したが、明治以降に生まれた人物については西暦だけの表記とした。

日本海
出雲郡
稲佐の浜
杵築大社
(出雲大社)
楯縫郡
秋鹿郡
島根郡
入海
(野代海,現・宍道湖)
松江市
神門水海
出雲郷
荒神谷
出雲市
神名火山
(仏経山)
出雲国府
神魂神社
入海
(現・中海)
夜見島
神戸川
斐伊川
神門郡
意宇川
熊野神社
大原郡
米子市
意宇郡
佐比売岳
(三瓶山)
飯石郡
火神岳
(大山)
仁多郡

古代出雲国地図

〈出雲〉という思想

近代日本の抹殺された神々

第一部　復古神道における〈出雲〉

「八雲立つ　出雲八重垣　妻籠みに　八重垣作る　その八重垣を」

（須佐之男命）

「出雲は、わけても神々の国であり、いまでもイザナキ、イザナミの子孫が、深くその宗祖を尊崇している、この民族の揺籃の地であるわけだが、同時に、その出雲のなかでも、杵築はとくに神の都であって、そこにある古い神社こそは、この国の古代信仰である、神道という偉大な宗教が発祥した、本家本元なのである」

（小泉八雲）

はじめに――〈伊勢〉と〈出雲〉

抹殺された〈出雲〉

出雲と聞いて人々は何を連想するだろうか。「古代史ロマンの国」「神々のふるさと」……、出雲にはそんな麗句がよく似合う。かつて都から見て、日の沈むところにあったことから「日隅宮《ひすみのみや》」「天日隅宮《あめのひすみのみや》」と呼ばれ、杵築《きづき》郷にあったことから、「杵築大社《きづきのおおやしろ》」とも呼ばれた出雲大社の壮大な大社造の建物、(1)深い霧の中に奥比婆《おくひば》の山々がうっすらと顔をのぞかせる宍道湖《しんじこ》の朝の情景、八雲立《やくもた》つ出雲風土記の丘から見渡せる出雲国庁の広大な敷地跡、確かにどれをとっても、見る者をしてこうした出雲の古代イメージを呼び起こしめるに十分であろう。

しかし出雲とは、古代に王朝が存在して栄えたというような、単なるロマンチックな伝説の舞台としてのみ注目される場所ではない。同じ麗句をもって語られながら、出雲が紀州熊野とも、日向高千穂とも異なるゆえんである。出雲が時の権力に対抗し、弾圧されたのは、なにも『古事記』や『日本書紀』に描かれたような古代の世界においてばかりではなかった。それは伊勢というもう一つの場所に対する「内なる敵」として、ほんの百十年余り前、そして六十年余り前にも同じような運命をたどったのである。

この論稿は、近代日本における「国家神道」「国体」の確立を、〈出雲〉に対する〈伊勢〉の〝勝利〟ととらえ、その裏で抹殺されたもう一つの神道思想――しばしばそれは「復古神道」と呼ばれる思想系列に属する――の系譜を描き出すことを試みたものである。

ここでいう〈伊勢〉とは、三重県伊勢市にある伊勢神宮（正確には皇大神宮《こうたいじんぐう》）を指すばかりでなく、その祭神であるアマテラス（『古事記』の表記は天照大御神《あまてらすおほみかみ》、『日本書紀』の表記は天照大神《あまてらすおほみかみ》）を中心とする神々（これを「天つ神」という）や、彼らの本拠地となった「天」（『古事記』でいう高天原《たかまのはら》）までを含めた包括概念として使われている。一方、〈出雲〉とは、島根県簸川《ひかわ》郡大社町にある出雲大社を指すばかりでなく、その祭神で、アマテラスの弟とされるスサノヲ（『古事記』の表記は須佐之男《すさのを》命《みこと》、『日本書紀』の表記は素戔嗚尊《すさのをのみこと》）の子孫として描かれたオホクニヌシ（『古事記』の表記は大国主神《おほくにぬしのかみ》、大穴牟遅神《おほなむぢのかみ》など、『日本書紀』の表記は大国主神、大己貴神《おほあなむちのかみ》、大己貴命《おほあなむちのみこと》など[2]）を中心とする神々（これを「国つ神」という）や、彼らの本拠地となった「地」（葦原中国《あしはらのなかつくに》）までを含めた包括概念として使われている。

つまり、〈伊勢〉と〈出雲〉は、日本を舞台とする地域的対立軸であるとともに、神話の世界における思想的対立軸でもあるわけである。「日本」なるものを単一の実体ととらえたうえで、西洋や中国との比較研究を行ってきた傾向の強い従来の日本政治思想史の方法では、十八世紀末以来の神道思想を探るのに十分でないとする見解が、この背景にはある。(3)

水林氏と神野志氏の解釈

もちろん、こうした対立軸の設定は、古典解釈を主眼とする日本文学や神話学では以前からなされていた。例えば西郷信綱《さいごうのぶつな》氏は、『古事記の世界』（岩波新書、一九六七年）の中で、〈伊勢〉と〈出雲〉の関係を東西の宇宙軸になぞらえ、この二元的な対立が『古事記』神話を一貫する構造となっていることを指摘している（三〇〜四七頁）。

さらに一九九〇年代になると、従来「記紀神話」として同列に論じられてきた『古事記』と『日本書紀』が実は全く別の作品であることを指摘しながら、双方の世界像の違いを分析する研究が出てきた。その代表が、法制史学者の水林《みずばやし》彪《たけし》氏と、国文学者の神野志隆光氏である。ただし両者の解釈は、正反対といってもよいほどに異なっている。

水林氏は、『記紀神話と王権の祭り』（岩波書店、一九九一年）の中で、『古事記』には冒頭に登場する「別天《ことあま》つ神」と呼ばれる高天原の神々の前に、「天」と「地」、天つ神（高天原王権）と国つ神（葦原中国王権）を原理的に対等なものと見なす政治思想があるのに対して、『日本書紀』本文は「善なる『天』の神が、『邪神』『邪鬼』たる『国』の神々を鎮圧して、そこに正当なる支配をうちたてる物語り」（一六四頁）にほかならないと主張した。これはある意味で、『古事記』に〈伊勢〉と〈出雲〉の二元的対立を読み込もうとする西郷氏の説を一層具体的に発展させたものと見ることができよう。

一方、神野志氏は、水林氏の説を誤りと批判するとともに、『古事記』（日本放送出版協会、一九九五年）の中で、『古事記』には高天原という「天」の「地」に対する始原的優位性、超越性が一貫しているのに対して、むしろ『日本書紀』本文の方が「陰陽分かれて天地となる世界であり、その上に成り立つ二元的世界は対をなす世界、並列的にかかわり合う世界」（一七八頁）が物語られていると主張した。西郷氏のような解釈は、『古事記』ではなく、『日本書紀』の方に一層よく当てはまるとしたわけである。

どちらの説が正しいかを判断することは本論の課題ではないし、そもそも筆者の能力を超える。だが両者は、『日本書紀』を「本文」――神野志氏は「本書」とすべきだとするが、ここでは従来の説に従う――だけで解釈し、「本文」の後にそれとは内容の異なる物語を次々に列挙している「一書」を考察の対象から外している点で共通している。「『日本書紀』神代は、本文と本文の段落ごとに註記されている幾つかの異伝（一書）とからなっており、一つの物語りとして読みうるのは本文だけで、諸異伝は部分部分の集積でしかないのであるが、そうだとすれば、我々は、本文についてしか、統一的な人物像や世界観を提示しようとした作品という評価を与えることができないのである」（前掲『記紀神話と王権の祭り』四〇五頁）と述べる水林氏と、「『本書』の側からも、『一書』の側からも、『本書』によって作品把握を行うことをもとめられる。『本書』によって『日本書紀』の神話的物語を見通そう」（前掲『古事記』一七二頁）と述べる神野志氏の間に、基本的な違いはないといってよい。

あえて津田説に従う

この点では、両者がともに批判の対象としている津田左右吉《つだそうきち》（一八七三～一九六一）の『日本古典の研究』（『津田左右吉全集』第一巻、岩波書店、一九六三年所収）の方が、はるかに『日本書紀』のテキスト全体に対する目配りがきいている。「成書となつてゐる古事記と書紀とを全体として対照するよりも、古事記の一々の記載と、それと同性質を有する書紀とそれに注記してある『一書』との種々の記載とを、比較する方に意味があるのである」（七三頁）という津田の言葉からは、彼が『古事記』、『日本書紀』の「本文」、そして『日本書紀』の「一書」の三者を、全く対等なものとして、相互に比較し合おうとしていたことがうかがえる。

その上で津田は、後述のような「一書」に見られる重大な「例外」を除いて、『古事記』においても『日本書紀』においても、〈出雲〉が〈伊勢〉と同等の比重をもって二元的に対立していたわけではないと解釈する。双方の神話は、基本的な構造が「天」中心であるという点で共通しており、どちらにも登場するアマテラスは、「天」を支配する神であると同時に、「地」を支配すべき神でもあったというのである。前述の水林説はこうした津田の解釈を『日本書紀』本文だけに、神野志説は『古事記』だけに限定しようとする試みといえるが、本書で考察の対象とするのは『古事記』や『日本書紀』そのものではなく、あくまで十八世紀末以来の神道思想史であり、そこでは『日本書紀』の「一書」こそが問題となる以上、「一書」の解釈を含んだ津田説に従う形で、あえて「記紀神話」の構造を探ることにする。

　津田によれば、『古事記』にせよ『日本書紀』にせよ、通常いわれる「地」でのオホクニヌシの「国作り」と呼ばれる部分――オホクニヌシがスクナビコナ（『古事記』の表記は少名《すくな》毘《び》古《こ》那神《なのかみ》、『日本書紀』の表記は少彦名《すくなびこな》命《みこと》）と力を合わせて、葦原中国を人の住める豊かな国土へ変えてゆく物語のこと――は、後に続く「国譲り」――オホクニヌシが天つ神に、その国土を譲り渡すこと――の前提としてのみ意義づけられるのであって、その実質的意味は何もない。津田が、「国土を領有してゐたといふオホナムチの命（オホクニヌシ）の地位が、日の神を此の国の統治者として見てゐる神代史の根本精神と矛盾してゐることは、どうしても免れ難い」（五七四頁）として、テキスト自体の欠陥をついた理由はここにあった。

　実際に、『日本書紀』の本文には、「国作り」にふれた箇所は全くない。『古事記』の「国作り」の部分すら、実質的には「それより大穴牟遅と少名毘古那と二柱の神相並ばして、この国を作り堅めたまひき」（それからオホクニヌシとスクナビコナの二柱の神が、互いに協力し合って、この国を作り固められた）とあるだけである。しかもそれすら、石母《いしも》田《だ》正《しょう》（一九一二～一九八六）の『日本古代国家論』第二部（岩波書店、一九七三年）によれば、民話的要素が国家的理念に従属させられ、物語としての純粋性を欠いたかっこうになっている（一六三〜一六五頁）。

要するに〈出雲〉とは、アマテラスのいうところの「我が御子の知らす国と言依指《ことよさ》したまへる国」（自分の子孫の統治する国として委任した国）（『古事記』）、あるいは「吾が子孫の王たるべき地」（自分の子孫が君主となるべき国）（『日本書紀』一書）なのであり、〈伊勢〉の支配をあらかじめ受けるべき場所とされる。そして「天」から見たオホクニヌシとは、そのアマテラスの子孫が統治するはずの国に不当にも居座っている「ちはやぶる荒ぶる国つ神等」（暴威をふるう乱暴な国つ神ども）（『古事記』）の、また「葦原中国の邪《あ》しき鬼《もの》」（葦原中国のよこしまな神々）（『日本書紀』本文）の棟梁にほかならなかったということになる。

『日本書紀』の「一書」

以上、津田左右吉に従う形で「記紀神話」の構造を探ったが、それを所与のものとする限り、冒頭にふれた〈伊勢〉の〝勝利〟は自明のように見える。ところが、神話の内容をいま一度細かく検討するならば、この「天」中心の構造は、時にそこからはずれた重大な「例外」を生み出していることがわかる。とりわけそれは、水林氏も神野志氏も無視してよいと見なした『日本書紀』の「一書」に著しい。

具体的にいえば、一つは「一書」の第六(4)に記された、オホクニヌシとスクナビコナの「国作り」である。その原文はこうである。

夫《か》の大己貴命と、少彦名命と、力を戮《あは》せ心を一にして、天下《あめのした》を経営《つく》る。復顕見蒼《またうつしきあを》生《ひとくさ》及び畜産《けもの》の為は、其の病を療《をさ》むる方《みち》を定む。又、鳥獣《とりけだもの》・昆虫《はふむし》の災異《わざはひ》を攘《はら》はむが為は、其の禁厭《まじなひ》の法を定む。是を以て、百姓《おほみたから》、今に至るまでに、咸《ことごとく》に恩頼《みたまのふゆ》を蒙《かがふ》れり。

（オホクニヌシとスクナビコナは、力を合わせ、心を一つにして天下をつくられた。また現世の人民と家畜のためには、病気治療の方法を定めた。また鳥獣や昆虫の災いを除くためには、まじないの法を定めた。このため百姓は、今に至るまで、その恵みを受けている）

先に引用した『古事記』の「国作り」に比べると、ここに記された「国作り」の足跡はより具体的であり、人々の生活世界と密着している。それは純粋な民間伝承とまではいえないにしても、少なくとも『古事記』のような、国家的理念による抽象化を免れている。

『日本書紀』一書の第六に記された「国作り」の物語をおそらくは受け継いだ、はるかに重要ないま一つは、一書の第二に記された「国譲り」である。『古事記』のこの箇所では、葦原中国を平定するために、アマテラスと天つ神のタカミムスビ（高御産巣日神《すびのかみ》。なお『日本書紀』の表記は高皇産霊尊《たかみむすびのみこと》）が使者としてタケミカヅチ（建御雷神《かづちのかみ》。なお『日本書紀』の表記は武甕槌神《たけみかづちのかみ》）をオホクニヌシのもとに送り、国土を天つ神に譲り渡すように迫ったところ、オホクニヌシは「この葦原中国は、命《みこと》のままに既に献らむ。ただ僕《あ》が住所《すみか》をば、天つ神の御子の天つ日継《ひつぎ》知らしめす、とだる天の御巣《みす》の如くして、底つ石根《いはね》に宮柱ふとしり、高天原に氷木《ひぎ》たかしりて治めたまはば、僕は百足《ももた》らず八十《やそ》坰手《くまで》に隠りて侍《さもら》ひなむ」（この葦原中国は、仰せのとおり、ことごとく献上いたしましょう。ただわたしの住む所は、天つ神の御子が皇位をお継ぎになるりっぱな宮殿のように、地底の盤石に宮柱を太く立て、大空に千木を高々とそびえさせた神殿をお造り下さるならば、私は多くの道の隈を経て行く遠い場所に隠退しておりましょう）とこたえて、その要求に素直に従ったことになっている。『日本書紀』本文も、天つ神の名称が多少異なるのを除けば、基本的にこれと同じ内容である。

ところが、『日本書紀』一書第二に記された「国譲り」の物語は、これらとは大いに異なっている。それによれば、天つ神の名代であるタケミカヅチとフツヌシ（経津《ふつ》主神《ぬしのかみ》）の国譲りの要求に対して、オホクニヌシは素直に従うどころか、かえって「疑ふ、汝《いまし》二《ふたはしら》の神は、是吾《あ》が処《もと》に来ませるに非ざるか。故《かれ》、許さず」（あなた方二神の言われることは、どうも疑わしい。私がもとから居るところへやって来たのではないか。許すことはできない）と怪しんだために、タケミカヅチとフツヌシはいったん高天原に帰り、その旨をタカミムスビに報告したことになっている。オホクニヌシは、直ちに国譲りに応じたわけではないのである。

「顕露の事」と「幽事」

先にも述べたように、これは『日本書紀』一書第六で挙げられたようなオホクニヌシの国作りの業績を踏まえての記述と見られる。そして結果的に、その業績はタカミムスビによって正当に評価され、オホクニヌシは国譲りの代償として、天つ神から次に示すような交換条件を新たに提示されているのである。

高皇産霊尊、乃《すなは》ち二の神を還し遣《つかは》して、大己貴神に勅《みことのり》して曰はく、「今、汝が所《まう》言《すこと》を聞くに、深く其の理有り。故、更に条《をちをち》にして勅したまふ。夫れ汝が治《しら》す顕露《あらは》の事は、是吾孫《すめみま》治すべし。汝は以て神事《かみのこと》を治すべし。又汝が住むべき天日隅宮《あまのひすみのみや》は、今供造《つく》りまつらむこと、即ち千尋《ちひろ》の栲縄《たくなは》を以て、結ひて百八十紐《ももむすびあまりやそむすび》にせむ（以下略）」とのたまふ。

是に、大己貴神報へて曰さく、「天神《あまつかみ》の勅教《のたまふみこと》、如此《かく》慇懃《ねむごろ》なり。敢へて命《おほせこと》に従はざらむや。吾が治す顕露の事は、皇孫《すめみま》当《まさ》に治めたまふべし。吾は退《さ》りて幽事《かくれたること》を治めむ」とまうす。

（タカミムスビは、タケミカヅチとフツヌシを再び遣わして、オホクニヌシに勅していわれた。「いま、あなたの言うことを聞くと、深く理にかなっています。それで詳しく条件をつけて申しましょう。あなたが行われる『顕露の事』は、アマテラスの孫のニニギが治めるようにしましょう。その代わり、あなたは『神事』を治めて下さい。またあなたが住むべき宮居は、いまお造りいたしますが、千尋もある楮の縄でゆわえて、しっかりと結びつくりましょう〔以下略〕」。そこでオホクニヌシは答えていった。「天神の言われることは、かくも行き届いています。どうして仰せに従わないことがありましょうか。私が治めるこの世のことは、ニニギがまさに治められるべきです。私は退いて『幽事』を担当しましょう」）

この結果、国譲りをした後のオホクニヌシは、『日本書紀』一書第二とそれ以外とでは、全く異なった運命をたどることになる。先に掲げた『古事記』や『日本書紀』本文などでは、葦原中国を不当に占領していたオホクニヌシが、天つ神の威嚇に屈して「八十坰手に隠」れたのを見届けた上で、「皇孫」すなわちニニギ（『古事記』の表記は邇邇芸命《ににぎのみこと》、『日本書紀』の表記は瓊瓊杵尊《ににぎのみこと》）が高天原から降りてきて（いわゆる「天孫降臨」）、ようやく建国の基礎が整えられたとするトーンが、全体として強くなっていた。

これに対して、『日本書紀』一書第二では、オホクニヌシは、国譲りをする前はもちろん、その後も依然として正統的な支配権を失っていない。このことは、タカミムスビがオホクニヌシの統治に対して、一貫して「しらす」という言葉を使っていることによく現れている。『古事記』ではそれに対して、「汝のうしはける葦原中国」という具合に、「うしはく」という言葉が使われていたが、この「うしはく」は不当に領土を占有するという意味である。一方「しらす」は正統的な支配者による統治を意味するのであり、天つ神がオホクニヌシの支配を正当なものとして認めていたことを示している。

ただし、国譲りをした後のオホクニヌシは、支配する領域に大きな変化が生じることになる。なぜなら、この神は「顕露の事」（以下、「顕」と略記）の支配をニニギに譲るものの、もう一つの世界である「神事」「幽事」(以下、「幽」と略記)の支配を天つ神から全面的に依託されるからである。ここでいう「顕」と「幽」の意味内容については、次章で改めて検討するが、いずれにしてもオホクニヌシが、決して隠退を迫られたわけではないことは確かである。一度はタカミムスビの要求を拒否したオホクニヌシが、「天神の勅教、如此慇懃なり」と述べて態度を一変させたのもうなずけよう。

この重大な「例外」を、津田左右吉が気づいていないはずはなかった。しかし彼によれば、そもそも『日本書紀』の「一書」は「すべての点に於いて後の潤色の多く加はつてゐるもの」であり、とりわけこの「一書第二」は「イヅモの勢力を宗教的に強め、キツキの神を天孫と対等の地位に置くために、後になつてイヅモ人の附加したもの」(前掲『津田左右吉全集』第一巻、四九一頁)であって、「国ゆづりの物語の本来の意味を伝へたものではない」(同、五〇六頁)ということになる。

『出雲国風土記』

この章の最後に、本題からは当面離れるが、〈出雲〉の問題を考える際に見逃すことのできない基本文献として、『出雲国風土記』について一言しておきたい。周知のようにこの風土記は、奈良時代に全国で編纂された風土記のうち、『常陸国風土記』『播磨国風土記』『肥前国風土記』『豊後国風土記』とともにまとまった形をなして現在まで残ったものであり、なかでも唯一、完全に原形のままをとどめているものである。風土記という文献の性格上、出雲国の九郡六十二郷について、それぞれの地名のゆえんを記した文章を中心とし、同国内の山、川、岬などの名称や位置を解説した文章などが付されているが、その大部分がいわゆる神話に属している点や、国司などの中央系役人の手を借りず、在地の出雲《いずも》国造《こくそう》家により編纂された点で、他の風土記と比べてもきわだっている。[5] なおこの出雲国造については、後に詳しくふれるつもりである。

『出雲国風土記』の神話性をよく示しているのは、「意宇《おう》の郡」の地名のゆえんを述べた有名な「国引き神話」である。記紀神話には登場しない「八束水臣津野命《やつかみづおみつののみこと》」という神が、朝鮮半島や北陸地方から陸地を引き寄せてきて、出雲の国土を造成し、国作りが終わったときに「意恵《おゑ》」という声を上げたことから、「意宇」の名がついたとする話であるが、この神のほかにも、『出雲国風土記』には合わせて五十数柱もの神々が登場するのである。しかしそのほとんどは、スサノヲノミコト（須佐乎命《すさのをのみこと》、須佐乃《すさの》袁命《をのみこと》、須佐能袁命《すさのをのみこと》）とその子孫の神々や、自らもスサノヲの子孫であるオホクニヌシとそのまた子孫の神々といった、出雲系統の国つ神で占められており、とりわけオホクニヌシは「天の下造らしし大神の命」「天の下造らしし神大穴持命《おほなもちのみこと》」として何度も登場し、出雲国の各地を回って「国作り」の指導に当たったとされている。その例を次にいくつか示そう。

〔嶋根の郡〕
手染《たしみ》の郷。（中略）天の下造らしし大神の命の詔りたまひしく、此の国は丁寧《たし》に造れる国なり、と詔りたまひて、故、丁寧と負《おほ》せ給ふ。而るに、今の人猶《なほ》誤りて手染の郷と謂へるのみ。

（オホクニヌシが言われた。「この郷はていねいに造成した郷である」。だから「丁寧」と言われた。それなのにいまの人が、なおも誤って「手染の郷」といっているだけのことである）

〔楯縫《たてぬひ》の郡〕
玖潭《くたみ》の郷。（中略）天の下造らしし大神の命、天の御飯田《みいひだ》の御倉《みくら》を、造り給はむ処を、覓《ま》ぎ巡《めぐ》行り給ひき。爾時《そのとき》、波夜佐雨久多美《はやさめくたみ》の《の》山と詔り給ひき。故、忽美《くたみ》と云ふ。

（オホクニヌシが、神に供える米を作る田でとれた米を収納する倉を造られるため、場所を探し求めて歩き回られた。そのときにここを「波夜佐雨久多美の山」と名付けられた。だから「忽美」という）

〔飯石《いひし》の郡〕

多禰《たね》の郷。（中略）天の下造らしし大神、大穴持命、須久奈比古命《すくなひこのみこと》と、天の下を巡行りたまひし時、稲種を此処に堕《おと》したまひき。故、種といふ。

（オホクニヌシが、スクナビコナと天下を巡回されたときに、イネの種をここに落とされた。だから「種」という）

〔仁多《にた》の郡〕

三処《みところ》の郷。（中略）大穴持命詔りたまひしく、此の地《ところ》の田好し。故、君《あ》が御地《みところ》と占め給ひき。故、三処と云ふ。

（オホクニヌシが言われた。「この土地の田は良い」。それで自分の御領地として占領された。だから「三処」という）

このように、『出雲国風土記』の国作りの記述は、『古事記』や『日本書紀』に比べてはるかに具体的であり、民間伝承により密着している。そしてオホクニヌシには、

「天の下造らしし」「大神」という最大級の尊称がかぶせられ、一貫して主人公として扱われている。その反対に、記紀神話の主人公であったアマテラスやニニギなどの天つ神は、全く出てこないのである。

注

（1）『古代出雲大社の復元』（大林組、一九八九年）によれば、出雲大社の高さは四八メートル余、床下四〇メートル前後、柱の直径三・六メートル、地上から床までのアプローチのための階段の長さ一〇九メートル、段数一七〇段という、巨大なものであった（一七四頁）。三章で取り上げる本居宣長は、『玉勝間』の中で、「出雲大社、神殿の高さ、上古のは三十二丈（約九七メートル——筆者注）あり、中古には十六丈あり、今の世のは八丈也」（本一、四〇二）と記している。

（2）このほかにオホクニヌシの別名として、『古事記』では葦原色許男神《あしはらしこをのかみ》、宇都志国玉神《うつしくにたまのかみ》、八千矛神《やちほこのかみ》、『日本書紀』では大物主神《おほものぬしのかみ》、葦原醜男《あしはらのしこを》、八千戈神《やちほこのかみ》、大国玉《おおくにたまのかみ》 神顕国 玉神《うつしくにたまのかみ》の名がそれぞれ挙げられている。

（3）その代表的な例として、丸山眞男『日本政治思想史研究』（東京大学出版会、一九五二年）、渡辺浩『東アジアの王権と思想』（東京大学出版会、一九九七年）を参照。

（4）『日本書紀』の原文にはこのような序数はついていないが、本論文では便宜上、『日本古典文学大系六七　日本書紀』上（岩波書店、一九六七年）の記述にならって、「一書」の記載順に第一、第二……と序数をつけて呼ぶことにする。

（5）この『出雲国風土記』に関しては、多くの研究があるが、代表的なものとして加藤義成『修訂出雲国風土記参究』（今井書店、一九八一年）を参照。

一　「顕」と「幽」

『口訣』と『纂疏』

話を再び、『日本書紀』一書第二に戻そう。前章では、この一書第二に記されたオホクニヌシの「国譲り」の内容が、『古事記』や『日本書紀』本文などとは全く異なっていたことを確認したわけであるが、その謎を解くキーワードとして注目されるのが「顕」と「幽」である。

この言葉は、一書第二の先に掲げた箇所にしか出てこない。厳密にいえば、『古事記』の序に「幽顕に出入して」という表現が一つだけあるが、その表現の仕方はきわめてあいまいであるうえ、「顕」と「幽」がセットで使われているため、それぞれが独立した意味をもつまでに至っていない。したがって以下では、もっぱら一書第二の「顕」と「幽」を対象にして考察を進めてゆく。

『日本書紀』神代巻の最後になって突然明記されるこの「例外」規定がはらんでいる問題は、とてつもなく大きい。なぜならそれは、「記紀神話」全体を貫くとされる

「天」中心の構造を根本的に覆すだけの問題をもっているからである。ではその「顕」とは、また「幽」とは、具体的に何を指しているのであろうか。一書第二の該当箇所には、先に見たように、その具体的説明に当たる文章は見当たらない。

ただ、『日本書紀』を神道の経典とし、注釈を加えることは室町時代にすでに成されており、なかでも一三六七（貞治六）年に神道家の忌部正通《いんべのまさみち》（生没年不明）が著したとされる『神代巻口訣《じんだいのまきくけつ》』（以下、『口訣』と略記）と、康正年間（一四五五～五七）に公卿で学者でもあった一条兼良《いちじょうかねよし》（一四〇二・応永九～一四八一・文明十三）が著した『日本書紀纂疏《にほんしょきさんそ》』（以下、『纂疏』と略記）は、「顕」と「幽」の意味を解くための有力なヒントを後世に与えていた。そこで次に、この二つの書物の注釈を順に見ることにしよう。

〔『口訣』〕

汝が治す顕露の事（云々）とは、国を造り天下を治むるは、以て宜しく皇孫《すめみま》に奉るべきをいふ也。汝は則ち以て神事を治すべしとは、徳を仰ぎ祭祀に奉るべきをいふ也。

（「汝が治す顕露の事云々」というのは、国を作ったり天下を治めることは、ニニギノミコトに任せることをいうのである。「汝が則ち以て神事を治すべし」というのは、オホクニヌシの徳を仰いで、祭祀を行う神にすることをいうのである）

〔『纂疏』〕

顕露の事は人道也。幽冥の事は神道也。二道は猶《な》ほ昼夜陰陽のごとし。二にして一たり。人顕明之地に悪を為さば、則ち帝皇之を誅し、悪を幽冥の中に為さば、則ち鬼神之を罰す。善を為し福を獲るもまた之に同じ。神事とは則ち冥府の事にして、祭祀牲幣の礼に非ず。祭祀牲幣は猶ほ顕露事に属するがごとし。

（顕露の事というのは人道である。幽冥の事というのは神道である。この二つの道は、あたかも昼夜や陰陽のように、二つであって一つである。人が眼に見えるところで悪いことをすれば、天皇がそれを罰し、眼に見えないところで悪いことをすれば、鬼神がそれを罰する。良いことをしてそれを賞するのも、これと同じである。神事というのは「冥府の事」であって、祭祀や貢ぎ物をささげる儀礼ではない。そのような祭祀や儀礼は、顕露の事に属するのである）

まず『口訣』の解釈から見てみよう。それによれば、「顕」は政事（まつりごと）、

「幽」は祭祀（まつり）である。オホクニヌシは、ニニギ、もっといえば天皇に政治権力だけを譲り渡し、祭祀権は引き続き保ったというのである。現代の通説、例えば大野《おおの》晋《すすむ》、家永《いえなが》三郎《さぶろう》、青木《あおき》和夫《かずお》各氏による『日本古典文学大系六七　日本書紀』上（岩波書店、一九六七年）の校注（一五〇頁）は、この説をとっている。

だが、歴史的事実に照らしてみると、この説には致命的な欠陥がある。なぜならこれでは、天皇は祭祀を行う祭司ではなく、純然たる政治的君主となり、日本古来の政治形態とされる「祭政一致」の事実に根本的に反するからである。平石《ひらいし》直昭《なおあき》氏の「前近代の政治観」（『思想』第七九二号、一九九〇年所収）によれば、ここでいう「祭」とは天皇が神に対して行う奉仕のことであるのに対して、「政」とは臣下が天皇に対して行う奉仕のことである。したがって天皇は、「祭」と「政」の接点に立つ存在なのであり、たとえ通常は政治的行為者として現れることがなくても、世俗的な権力と祭祀的な権威の双方を兼ね備えていたのである（以上、一五〇〜一五三頁を参照）。

一方、『纂疏』によれば、『口訣』の解釈は明快に否定されている。『口訣』で分けられた政事と祭祀は、ここでは一つのものとして「顕」の意味内容を構成しており、いずれも天皇によって受け持たれている。言い換えればオホクニヌシは、天皇にそれまで地上で有していたすべての権限を譲り渡し、代わってそれとは全く違った領域での支配者となったというのである。この解釈は、祭政一致の前提に立ちながら、その圏外に、天皇といえども侵すことのできない「謎の領域」があることを示唆していないであろうか。

『纂疏』にいう「幽」とは、「幽冥」であり、「冥府の事」である。それは、「鬼神」が人の眼に見えない悪事を罰し、善事を賞することである。もちろんこれは、人が死後、現世での行いについて神の裁きを受けるといったことではない。しかしそこに、神による賞罰という表現があることは、この領域が明治以降に普及する〈宗教〉という概念と結びつき、国譲り後のオホクニヌシが宗教的支配者となる可能性が開かれていることを示している。

注意しておくが、この〈宗教〉は〈祭祀〉に集約、還元される概念ではなく、あくまで独立の概念である。したがってそれは、村上重良《むらかみしげよし》氏が『天皇の祭祀』（岩波書店、一九七七年）の中で、「本質的にみれば、天皇は、なによりもまず、祭りをする人であり、この国の最高祭司としての宗教的権威を、ながく承けつたえてきた存在であった」（まえがき）と述べた場合に使われた「宗教」という言葉とは異なる。〈祭祀〉イコール〈宗教〉ではないのである。

祭政一致という「事実」を前提としたうえで、大嘗祭《だいじょうさい》に代表される宮中祭祀に宗教性があることは、これまでに何度も議論が重ねられてきた。そしてそこに、単純な祭司とは異なる、宗教的な権威が伴っていたことも、十分に論証されてきたように思われる。(1) こうした議論を見慣れている我々にとって、今から五百年以上も前に出されたはずの『纂疏』の解釈は、不意打ちを食らわせるに十分なものであろう。なぜならそれは、〈祭祀〉の「内部」ではなく、その「外部」に、神道が〈宗教〉となる可能性が残されていることを示唆しているからである。

折口信夫の神道論

もちろん『纂疏』のこのような解釈を、近代日本の学者が気がつかなかったわけではない。だがそれらは、おおむね取るに足らないものとして、あまり問題にされていない。例えば津田左右吉は、『日本の神道』の中で、この解釈を仏教の因果応報論からの「附会」によるものとして批判した。(2) 津田の批判は、多くの留保がつけられながらも、思想史学者の村岡典嗣《むらおかつねつぐ》（一八八四～一九四六）によって支持されるなど、(3) この解釈が通説となったためしはついになかった。その状況が現在まで続いていることは、先に述べた通りである。

これに対して、〈祭祀〉の「外部」に、〈宗教〉としての神道の確立を模索する学者が一人だけいた。戦後の折口信夫《おりくちしのぶ》（一八八七〜一九五三）である。折口は戦前には「天子即神論」（天皇はすなわち神である）の立場をとり、有名な「大嘗祭の本義」などを著したが、戦後は「天子非即神論」（天皇はすなわち神ではない）へと「転向」し、新たな側面からの神道の〈宗教〉化を考えるようになる。(4)彼が戦後に書き、話した一連の神道に関する論文や講演は、すべてこの目的に向かって収斂していたといっても過言ではなかった。

折口は、〈宗教〉としての神道の覚醒が、仏教の助けを借りて起こったことは認めても、だからといって津田のように、それを仏教からの「附会」だとはいわなかった。彼によれば、宮中祭祀とは区別される神道の宗教的要素は、元来からあったのである（『宗教研究』第一二八号、一九五一年所収の「神道」(5)）。彼は『纂疏』については直接ふれていないが、同じく一九五一年に著した「来世観」という論文では、「幽冥界を意味するかくりよと言ふ語は、殊に神道思想の光明的な方面が豊かに出て来てゐる。現世（うつしよ）の直ぐそばに幽《かく》り身《み》を持つた神の世界がある様にさへ考へられてゐた(6)」と述べているように、それを想起させるような解釈も展開している。

次章以下で試みようとするのは、この戦後の折口信夫に至るまでの、〈出雲〉の思想の系譜である。『古事記』や『日本書紀』本文ではなく、『日本書紀』一書第二の

「顕」と「幽」に注目し、しかもそれを『口訣』ではなく『纂疏』のように解釈したとき、初めてテキストの注釈という立場から離れて、〈出雲〉が一つの思想として自立する条件が整えられるのである。次章ではひとまず、国学が興隆し、日本古典の文献学的研究が広く盛んになる江戸時代後期（十八世紀末）の時点にまでさかのぼり、その条件が次第に整えられてゆく歴史的現場に立ち会うことにしたい。

注

（1）代表的論稿として、村上前掲書、山折哲雄『天皇の宗教的権威は何か』（河出書房新社、一九七八年）、赤坂憲雄『象徴天皇という物語』（筑摩書房、一九九〇年）などを参照。
（2）『津田左右吉全集』第七巻（岩波書店、一九六四年）一四二頁。
（3）村岡典嗣『神道史』（創文社、一九五六年）六〇頁。
（4）この「転向」は、『折口信夫全集』ノート編追補第一巻（中央公論社、一九八七年）三四一〜三四二頁で、彼自身が言明している。
（5）『折口信夫全集』第二十巻（中央公論社、一九七六年）一九〇頁。
（6）同、二一七〜二一八頁。

二　本居宣長と〈出雲〉

宣長の顕幽論

ところで、出雲大社の祭神が正式にオオクニヌシとされたのは、明治に入ってからのことであり、それ以前は「出雲の神様」といえば、一般には「大黒さま」のことを指していた。大黒は七福神の一つで大黒天とも称し、サンスクリットのマハーカーラの意訳とされている。オホクニヌシの「大国」と「大黒」がともに音読みにすると「ダイコク」と読める語呂あわせから、室町時代以降、両者の同一化が急速に進んだ。人々は出雲大社には台所の神様、すなわち頭巾をかぶり、右手に小槌、左手に袋を背負い米俵の上に乗る福の神が鎮座し、家々を守護してくれていると考えるようになったわけである。

さらに江戸時代になると、十月を神無月と呼ぶのは全国の神々が出雲に集まっているからであり、そこでは各地の氏神の報告をもとに「彼是《かれこれ》の配偶」が決定されるとする縁結びの信仰が加わり、大社といえば男女の縁をとりもつ神様のましま す地というイメージもまた一般化していった。いずれにせよ、一般の日本人にとって、「出雲の神様」とは人々に利益や幸福をもたらす、きわめて現世的な神にほかならなかったといえよう(1)。

国学者の中で、『日本書紀』一書第二の「顕」と「幽」に最初に言及したのは、それまで長らくオホクニヌシを大黒や縁結びの神と混同してきた民間信仰を、「近世の附会」(近年になって生まれたこじつけ)(『鈴屋答問録』(2))という一言の下にしりぞけた本居宣長(一七三〇・享保十五〜一八〇一・享和元)である。宣長が、一七六四(明和元)年に書き起こしたとされる『古事記伝』の冒頭で、それまでの「常識」を覆し、「漢籍意《からぶみごころ》」の染み付いた『日本書紀』に比して『古事記』の真の古伝たるゆえんを論じたこと(本九、七・一三〜一四)、またそれに続く『直毘霊《なほびのみたま》』で、天下におけるアマテラス—天皇の支配の正統性を主張したこと(本九、五五〜五六)はあまりにも有名であるが、同時に注意すべきは、それが必ずしも『古事記伝』において『日本書紀』の文章を全面的にしりぞけることを意味していないことである。彼は、必要に応じて、『古事記』に並行して『日本書紀』の該当箇所をも引用し、それに対する注釈や説明を行っているのである。

ここで問題となるのは、宣長がオホクニヌシの国譲りの段を注釈した、『古事記伝』

十四之巻（一七七七・安永六年に完成）である。オホクニヌシがタケミカヅチに対して述べた「僕は百足らず八十坰手に隠りて侍ひなむ」という言葉に対して、彼はまず次のように述べる。「八十坰手」とは、「甚遠き処」という意味であり、この場合は「黄泉国《よみのくに》」のことを指す。「侍」とは、ひそかに守護することである。「今此神の如是《かく》白《まを》したまふは、遠き黄泉国に隠れながらも、なほ天神御子《あまつかみのみこ》の大御前に伺候居る心ばへにて、遥に守護奉らむの意」（いまオホクニヌシがこう申し上げになられたのは、遠い黄泉国に隠れながらも、なおニニギノミコトのすぐ前について奉仕しているようなお気持ちで、はるかに守護申し上げようという意味）なのであり、『日本書紀』一書第二の「幽事を治」すというオホクニヌシの言葉も、「侍」の中に含まれる。こう述べた後で、彼は一書第二のこの箇所をそのまま引用し、「顕」と「幽」についての注釈を試みているのである（本十、一一八～一二〇）。

なお同様のことは、一七八九（寛政元）年の作とされる『神代正語《かみよのまさごと》』についてもいえる。この書は、『古事記』ですらも「大かたのもじつゞけは、なほ漢文ざまにしあれば、おのづからそのもじつゞきにひかれて、なほ皇国言《みくにことば》のふりならぬも、ところまじらずしもあら」（本七、四八七）ぬことを憂えた宣長が、『古事記』の漢字の横に「古語」による振り仮名をつけ、「初学の輩」が「漢意《からごころ》」に陥らないようにしたものである。その「大国主神国さりのくだり」と題する文章では、やはりオホクニヌシがタケミカヅチに国土を献上する場面が出てくるが、それに続いて「又は……ともあり」という文章があり、『日本書紀』一書第二の該当箇所がそのまま挿入されている（本七、五二五）。

これらはいずれも、宣長の『日本書紀』一書第二に対する関心の高さを示すものといえようが、では彼にとって、「顕」と「幽」とは一体、何を意味していたのであろうか。『古事記伝』十四之巻によれば、「顕露事《あらはにごと》」とは「現人の顕に行ふ事」であり、端的にいえば「朝廷の万の御政」のことである。これに対して「幽事《かみごと》」とは、「顕に目にも見えず、誰為すともなく、神の為したまふ政」のことであり、オホクニヌシが「此世間にありとある幽事」を統治する（本十、一二〇）。一七八七（天明七）年に書かれた古道論の『玉くしげ』にも、同じような説明がある。すなわち「顕事」とは、「世人の行ふ事業にして、いはゆる人事」であり、「幽事」とは、「天下の治乱吉凶、人の禍福など其外にも、すべて何物のすることと、あらはにはしれずして、冥《みやう》に神のなしたまふ御所為《みしわざ》」である（本八、三二〇〜三二一）。

『玉くしげ』ではさらに、両者の関係が人形使いと人形のそれに比せられた上で、「世中のことはみな、神の御はからひによることなれば、顕事とても、畢竟《ひつきやう》は幽事の外ならねども云々」（本八、三二一）と、「顕」に対する「幽」の本源性が示唆されている。なお『鈴屋答問録《すずのやとうもんろく》』にも、「さて顕露事は人事にて、人のなすわざなれども、それも基本を尋ぬれば、皆神の御心より出たることなれば、極意は顕露事とても皆、神のしわざ也」(3)という言葉が見られることから、宣長は門人に対しても、同様の説明をしていたと思われる。

こうした彼の主張は、当然に「幽事」を支配するオホクニヌシに対する高い評価となって現れてくる。『玉くしげ』で彼は、次のように述べている。

さてかの大国主命と申すは、出雲の大社の御神にして、はじめに此天下を経営し給ひ、又八百万神たちを帥《ひきゐ》て、右の御約束のごとく、世中の幽事を掌《つかさど》り行ひ給ふ御神にましませば、天下上下の人の、恐れ敬ひ尊奉し奉らではかなはぬ御神ぞかし。

（さて、かのオホクニヌシと申す神は、出雲大社の神様であり、はじめにこの天下をお作りになり、また八百万の神々を統率して、右のお約束の通り、世の中の幽事を主宰される神でいらっしゃるので、天下の身分の高い人も低い人も、恐れ敬い崇拝申し上げなくてはならない神なのである）（本八、三二一）

「幽」とは眼に見えない世界のことであり、「顕」をも包括するものとしてある。そこを支配するオホクニヌシの権限は絶大であり、人々はこの神を恐れ敬わなくてはならない――子安宣邦《こやすのぶくに》氏は、『宣長と篤胤の世界』（中央公論社、一九七七年）の中で、宣長のこうした解釈の裏に、『纂疏』の影響があったことを指摘している（八六頁）。確かに、少なくともそれは、「幽」を単なる祭祀としていた『口訣』の解釈からは、逸脱を見せている。だが宣長の著作には、『纂疏』を引用した箇所は一つもないし、そもそも『纂疏』にあったような神による賞罰という考え方自体、見られないといってよい。「人死ぬれば、善人も悪人もよみの国へゆく外なし」（『鈴屋答問録』(4)）とし、「仏道の意は、悪人は地獄、善人は天上浄土に生るといふ、これ吾道と大に異也」（同(5)）と主張した宣長にとって、『纂疏』の説は津田左右吉と同じく、あまりに仏教的に見え、それを進んで取り入れるまでには至らなかったのであろう。

『出雲国造神賀詞』と『出雲国風土記』の注釈

だが、晩年に当たる寛政年間になると、宣長の関心はさらに〈出雲〉へと向かっていった。すなわち一七九〇（寛政二）年、公刊したばかりの『古事記伝』上巻のうち五巻を出雲大社に奉献した彼は、続いて〈出雲〉に関する基本文献とされる『出雲国《いずものくにの》造神賀詞《みやつこのかんよごと》』と『出雲国風土記』の注釈に乗り出すのである。

この『出雲国造神賀詞』とは何かを説明するためには、まず出雲国造についてふれておかなければならない。周知のように国造《くにのみやつこ》とは、古代の地方官のことであるが、出雲の国造家の特徴の一つは、天皇家と同じく、その祖先がアメノホヒ（『古事記』の表記は天菩比神《あめのほひのかみ》、『日本書紀』の表記は天穂日命《あめのほひのみこと》）という神とされていることである。出雲国造は、大化改新後は郡司となって国家から例外的な優遇を受けるが、七九八（延暦十七）年以降、郡司の職を解かれ、もっぱら出雲大社を中心とする祭事に携わるようになる。そして全国から国造が消えた後も、出雲国造だけは連綿と続き、次のような神事を行うことを常としてきた(6)。

すなわちその一つは、国造が死去した直後に、新しい国造が松江近郊の神魂《かもす》神社に向かい、アメノホヒ以来代々受け継がれてきたとされている神火を継承する「火継式」である（ただし近世には一時断絶）。いま一つは、毎年陰暦十一月の卯の日に、神魂神社か意宇郡にある熊野神社、あるいは国造が病気の場合は出雲大社で、その年の新穀を神前に供え、自らも食べて神恩に感謝するために行われた「古伝新嘗祭《こでんしんじょうさい》」である。こうした天皇家ともよく似た祭事や神事を行いつつ、出雲国造は、宣長が生きていた当時、唯一の国造として残り、出雲国内では藩主の権力をも上回るほどの権威を保っていた。その宗教的な権威がどれほどであったかは、一七七六（安永五）年頃に書かれたと推定される次の記録を見てもわかる。

出雲の国造は其国人尊敬する事神霊のごとし。氷の川上と云所に別社ありて、神事に国造の館より出向ふとき、其際の道筋へ悉く藁を地に敷みちて、土民左右の地にふし、手に此わらを握りて俯しをる。国造藁をふんで行過る足を引ざる内に、みなみなわらを曳取《ひきとり》家に持帰り、神符の如く収め置なり。（津村淙庵『譚海』(7)）

『出雲国造神賀詞』は『出雲国風土記』と同じく、奈良時代の天平年間の作とされており、九二七（延長五）年に律令の施行細目として作られた『延喜式』巻八の「祝詞」に収められた。古代の出雲国造は、新任して二年間は潔斎期間とされていたが、その一年目と二年目の終わりに、都に参内して新任を報告するとともに、アメノホヒから天皇の長寿を祈る祝詞を述べることになっていた(8)。

「神賀詞」とは、その祈りの祝詞のことであり、その中にはやはり、オホクニヌシ（『出雲国造神賀詞』の表記は大名持命《おほなもちのみこと》）の国譲りの場面が出てくる。ただし参内の習慣は、八三三（天長十）年を最後に断絶して以来、実際には二度と復活しなかった(9)。

『出雲国造神賀詞』の注釈書としては、すでに宣長の師に当たる賀茂真淵《かものまぶち》（一六九七・元禄十〜一七六九・明和六）の『祝詞考』があった。それゆえに宣長は、自らの注釈書のタイトルを『出雲国造神寿《かむよごと》後釈』と名付けて区別した。「幽事」を「ひすみのこと」と読み、「（オホクニヌシは）遂に其の国を皇孫にゆづり奉て、日隅宮《ひすみのみや》に隠れましぬ」と述べた真淵に対して、宣長は、この解釈ではオホクニヌシが国譲りの後も出雲大社に留まることになり、「幽事」も「日隅宮のこと」、つまり単なる祭祀のことになってしまうとして、「幽事」を「かみごと」と読み替えた上で、次のように述べたのである。

　大名持命、現御身《うつしみみ》は八十《やそ》隈手《くまで》に隠れまして、此顕国《うつしくに》には留まり給はず。日隅宮に鎮座《しずまります》は、御魂《みたま》也。すべて何れの神にても、現御身と御霊《みたま》との差別をしらずはあるべからず。もし現御身杵築宮に坐むには、いかでか八十隈手に隠るとはいはむ。
（オホクニヌシは、ご身体は遠い遠い黄泉国にお隠れになり、この目に見える国土にはお留まりになっていない。出雲大社に鎮座しているのは、オホクニヌシのご霊魂なのである。すべていかなる神でも、ご身体とご霊魂の区別を知らなくてはならない。もし〈真淵の解釈するように〉オホクニヌシのご身体が出雲大社におられる

ならば、どうして黄泉国に隠れるということがあろうか）（本七、三六）

オホクニヌシが出雲大社に留まるのは、「御魂」だけであり、「幽事」を支配するのも、この「御魂」にほかならない。これに対して「現御身」は、人と同様に、「八十隈手」、すなわち黄泉国へ赴くとされたわけである。このような解釈は、「凡て神代の事は、此現身と御霊とのことを、只一さまに云伝へたる故に、まぎらはしきこと多かり」として、両者の峻別の重要性を主張した『古事記伝』十四之巻（本十、一二〇）の説を踏襲したものといえる。(10)

一方、『出雲国風土記』の注釈としては、宣長の随筆集である『玉勝間《たまかつま》』に収録された「出雲風土記意宇郡の名のゆゑをしるせる文」が挙げられよう。前述した「国引き神話」と呼ばれる、出雲九郡のうちでも最も大きい意宇郡の地名のゆえんを記した部分についての注釈である。『古事記伝』を書くに当たり、いっさいの予断を「さかしら」として排除し、ただ『古事記』に著された文章をそのまま「事実」として信じた宣長の学問的態度は、ここでも維持されている。彼はこう述べている。

さて此文に見えたる事どもを、たゞ寓言《ことよせごと》のごとく心得むは、例のからごゝろにぞ有ける。神代には、思ひのほかなる、奇《くすし》き異《あやし》き事どもの有て、此国土は成竟《なりをへ》たるなれば、古の伝説を、いさゝかもうたがふべきにあらず、ことごとく実の事也。たゞ文のままにこゝろうべし。

（さてこの文に書かれたことを、単なるいいわけのように考える人は、例の漢籍の説に心が感化されているのである。神代には、思いもよらないような、不思議で奇妙なことがあって、この国土はできたのであるから、昔の伝説を少しも疑ってはならない。すべては実際の出来事なのである。ただ文章のままに理解しなければならない）

（本一、三一二）

つまり宣長は、『古事記』とは神々の体系も神話の内容も全く異なる『出雲国風土記』の文章を、『古事記』と同様に、歴史上の「事実」として承認したわけである。

千家俊信の思想

晩年の宣長が、〈出雲〉に対する関心を増大させていた背景には、第七十六代出雲国造の千家《せんげ》俊秀の実弟であった千家俊信《としざね》（通称・清主《きよぬし》。一七六四・明和元〜一八三一・天保二）との頻繁なやりとりがあったように思われる。俊信は一七九二（寛政四）年に宣長の門人となったが、それ以来両者は、一八〇一（享和元）年の宣長の死の直前に至るまで、松坂（現・松阪）と大社という距離を超えて、少なくとも年に三回から五回のペースで書簡を交わしていたことが確認されている（本十七、目次）。

その中で宣長は、俊信に対して、「貴国ハ別而《わけて》格別之神跡」（同、一八五）、「（出雲は――筆者注）別而他ニ異ニして、大切成《なる》地」（同、二〇七）であり、もはや年寄りの身としては実現不可能であろうが、「御社へは必生涯之内一度ハ参拝仕度物」（同、二二八）と述べるとともに、俊信に『出雲国造神寿後釈』や「出雲風土記意宇郡の名のゆゑをしるせる文」を送るのはもちろん、『後釈』の序文を依頼するなど、全幅の信頼を寄せていた。一方の俊信も、宣長の注釈の後を受ける形で、『出雲国風土記』全体の正文作成に乗り出すとともに、一七九八（寛政十）年には松坂の鈴屋で念願の宣長との再会を果たしている。

こうして俊信は、宣長から受けた強い影響の下に、宣長の死後に当たる一八〇六（文化三）年に『校訂出雲風土記』を刊行する一方、宣長の顕幽論をいっそう発展させ、そこに『纂疏』的な解釈を取り入れた。入門の際に、俊信が門人に対して誓約させた三ヵ条からなる詞を、俊信自身が解説した『梅之舎《うめのや》三箇条』(11)、並びに門人の藤原春彦（生没年不明）が俊信の講義を記録した『梅廼舎《うめのや》翁三箇条講義打聴』(12)に、その解釈はうかがえる。

それによれば、「顕露事」とは「皇孫命」の治める「御政事」であるのに対して、「幽冥」とは「誰ナストモナシニ万事ノナルコト」であり、「出雲ノ大神」がこれを治めている。天地の間に起こることは、すべてこの「顕」と「幽」という二つの原理から成り立っている。ここまでは宣長とさして変わらないが、俊信はさらに、「御政事ニモレタル罪重ルトキハ出雲大社ノ幽事ノ罪ニアフ也」として、オホクニヌシが眼に見えない人の罪を裁くことを述べている。オホクニヌシは、「幽冥」を治める神として、人々の行いに悪いところがないかを、常に監視しているというのである。「何事モ出雲大社ノ幽冥ヲカシコミテ神ノ御所為ニ背カザルヤウニスベシ」。俊信のこうした主張には、宣長にはまだ見られなかった、神による賞罰という視点が明確に現れていることがわかろう[13]。

ただ、この章の最後に、いま一度宣長自身の神学に立ち返って確認しておきたいことがある。それは、全体を通して見た場合、宣長神学における『古事記』の絶対的優位は動かなかったということである。初学者が読むべきテキストについて、伊藤忠司（生没年不明）の質問に答えた一七九三（寛政五）年陰暦正月十四日付の書簡（本十七、一九四～一九五）でも、一七九八（寛政十）年に国学の入門書として書かれた

『うひ山ふみ』でも、まず第一に挙げられる重要古典は『古事記』であり、『日本書紀』『万葉集』がこれに続いている。

では『出雲国風土記』はといえば、先の書簡では圏外、『うひ山ふみ』でもようやく十番目に挙げられるにすぎない[14]。これは結局、宣長神学が「天」中心の『古事記』神話の構造に規定されていたこと、晩年における〈出雲〉への傾斜も、〝はじめに〟でふれた津田左右吉が述べていたような「テキストの欠陥」を克服するまでには至らなかったことを意味している。

注

（1） この点に関しては、千家尊福『出雲大神』（大社教東京分祠、一九一三年）四五、四七頁、千家尊統『出雲大社』（学生社、一九六八年）二〇頁、石塚尊俊編『民衆宗教史叢書第十五巻　出雲信仰』（雄山閣出版社、一九八六年）八四頁などを参照。

（2） 『うひ山ふみ・鈴屋答問録』（岩波書店、一九三四年）一一四頁。

（3） 同、一二〇〜一二一頁。

（4） 同、八二頁。

（5） 同。

（6） この神事に関しては、平井直房『出雲国造火継ぎ神事の研究』（大明堂、一九八九年）を参照。

（7） 『日本庶民生活史料集成』第八巻（三一書房、一九六九年）二九頁。

(8)　高取正男『神道の成立』(平凡社、一九七九年)七六〜七九頁も指摘するように、この潔斎の厳重さは、天皇の死後に新しい天皇が大嘗宮にこもって行った潔斎とは、比較にならない。「かつて出雲国造がその地方の独立した主長であった時代の、主長の地位と祭祀権継受にあたっての儀礼と祭式をふまえて、これを神賀詞奏上という中央への服属儀礼に仕立てあげたため、古い時代の斎忌の作法がそのまま継承されたのだろう」(七八頁)。

(9)　前掲『出雲大社』二三四頁には、一八六九(明治二)年に千家尊澄が第七十九代国造となった際に、この習慣が復活したとあるが、確認されていない。

(10)　なお『鈴屋答問録』では、この説が当てはまるのは地上に降りた天つ神を含む国つ神だけであり、天つ神は「死と云《いふ》ことなく常《とこし》へ」であるために除かれるとする(前掲『うひ山ふみ・鈴屋答問録』八一頁)。

(11)　この史料は、森田康之助「史料紹介　梅之舎三箇条」(『神道学』八五号、一九七五年所収)で初めて紹介された。

(12)　佐野正巳『近世国学新資料集解』(三和書房、一九七二年)一二三〜一二九頁に収録されている。

(13)　以上、引用は前掲「史料紹介　梅之舎三箇条」六四〜六五頁。なお、このような俊信の顕幽論は、次章で述べる平田篤胤からの思想的影響も考えられるが、森田康之助『日本思想の構造』(国書刊行会、一九八八年)四六〇頁によれば、俊信が所蔵していた本のうちには、篤胤関係の著書は全く見られないという。このことは一八二三(文政六)年、篤胤の上洛の知らせを聞いた俊信が、後述する本居大平に対して、「厚胤は御門人に御座候や承度候」(村岡典嗣『宣長と篤胤』、創文社、一九五七年、一一三頁。傍点は引用者)とたずねていることからもうかがわれよう。ただし、俊信の門下から、篤胤にも影響を受けつつ独自の幽冥思想を展開した岡熊臣(一七八三・天明三〜一八五一・嘉永四)が出たことは、俊信と篤胤の思想の類似性を示すものといえるかもしれない。

(14)　前掲『うひ山ふみ・鈴屋答問録』一八頁。

三　平田篤胤と〈出雲〉

1　初期の著作

宣長・中庸・篤胤

本居宣長が晩年の寛政年間に頻繁にやりとりを交わしていたのは、千家俊信だけではなかった。松坂に住み、一七八五（天明五）年に宣長の門人となった服部中庸《はっとりなかつね》（一七五七・宝暦七〜一八二四・文政七）もまた、この時期に宣長の強い関心を引いていた一人であった。その中庸が、一七九一（寛政三）年に『三大考《さんだいこう》』を書き上げる。この著作は、記紀神話には述べられていない宇宙創成の物語を体系的に展開したばかりでなく、後述するツクヨミ（『古事記』の表記は月読命《つくよみのみこと》、『日本書紀』の表記は月弓《つくよみの》尊《みこと》、月夜《つくよ》見尊《みのみこと》、月読尊《つくよみのみこと》）とスサノヲを同一の神と断定するなど、『古事記伝』とも明らかに相反する解釈を含んでいた。にもかかわらず宣長は、この著作を「甚珍敷書《はなはだめづらしきしょ》」

とし、「これによりてもいにしへのつたへごとは、いよゝますますたふとかりけり。すめら御国のゆゑよしは、いよゝますますたふとかりけり」と絶賛したうえ、あたかも自分が書いたかのように、これを『古事記伝』十七之巻の末にそのまま転載したのであった（本十、三一六）。

宣長の死後、この著作は改めて問題となり、鈴屋を継いだ養子の本居大平《おおひら》（一七五六・宝暦六〜一八三三・天保四）は、『三大考弁』を著して、それが宣長の学問的態度と根本的に矛盾するものであることを批判した。これに対して、あくまで宣長の『三大考』称賛の言葉に即しつつ、この書を「いともめでたく、比類なき考へを、発明出たる書」（平二、八）と評価したのが、宣長の没後門人を自称する[1]平田篤胤（一七七六・安永五〜一八四三・天保十四）であった。

それでは、『三大考』を通して宣長神学を継承したといわれる平田篤胤の神学は、宣長神学と比較していかなる特徴をもつと考えられるであろうか。本章ではこの問題について考察することにしたい。

まず気づかされるのは、『古道大意』『志都乃石屋《しづのいはや》』[2]といった、初期における篤胤の私塾（「真菅乃屋《ますがのや》」。のち「気吹舎《いぶきのや》」と改名）での講義に現れた思想が、前章で見た晩年の宣長の思想の延長線上に位置しながら、早くもそこから一歩も二歩も抜け出していることである。すなわち、一八〇九（文化六）年ごろの講義録とされる『古道大意』では、オホクニヌシやスクナビコナによる「国作り」が語られるとともに、彼らが天孫降臨前の「地」ですでに正統的な支配者としての地位を確保していたことが、具体的な論証はしていないものの示唆されている（平一、三六～三八。なおこの論証は、以後の篤胤神学の一つの課題となる）。また一八一〇（文化七）年に書かれた医術論『志都乃石屋』でも、「医薬の道」を人々に広めたとされるオホクニヌシやスクナビコナの神徳が具体的に語られているのである（平一、二一）。

『本教外編』

篤胤が文化初年の時点でオホクニヌシに着目し、同神の重要性を門人に向かって説いていたことは、この時期に彼が『本教外編』という書物をひそかに著していたことと決して無関係ではない。

『本教外編』は、明治末年に村岡典嗣によって発見されて以来、利瑪竇《りまとう》（Matteo Ricci）の『天主実義』『畸人十編』や艾儒略《がいじゆりやく》（Giulio Aleni）の『三山論学紀』のようなイエズス会の宣教師の著作を下敷きにしたものであることが明らかにされ、今日では篤胤の初期の思想にキリスト教が大きな影響を与えていたことを示す書物として重視されている。

確かに、『天主実義』などに見られたような、人間の霊魂を不滅のものと考える「霊魂不死説」や、死後に神による裁きを受け、良い霊魂は天国に上り、悪い霊魂は地獄に落ちるとする「天国地獄説」、それにこの世は仮の世で、死後に赴く世界こそが「本世」であるとする「死後本世説」などは、ほぼ完全に『本教外編』に受け入れられている。(3) だが他方、『本教外編』では、原著には現れていなかった重要な視点が提示されている。その一つは、絶対唯一神のデウスの訳語である「天帝」や、創造神を意味する「上帝」という言葉を、究極的には次のように、オホクニヌシに置き換えていることである。

外国々に上帝・天帝・梵天王・閻魔王などいひて、種々の事実あるは、大国主神の分霊《わけみたま》、幸御霊《さちみたま》・奇御霊《くしみたま》の御わざなり。(4)

ここでは篤胤が、アマテラスではなくオホクニヌシに置き換えていることに注目したい。なぜならルイス・フロイス（Luis Frois 一五三二頃～一五九七）やジョアン・ロドリーゲス（João Rodriguez 一五六一～一六三四）など、十六世紀後半の日本で実際に布教活動に当たっていたイエズス会の宣教師が、キリスト教の「天主」の概念を日本人に説得するのに一番の障害であると考えたのは、日本人がアマテラスを創造神のように崇拝していたという事実であったからである。フロイスやロドリーゲスから見れば、アマテラスこそが日本人にとっての最高神であり、まさに「天主」によって置き換えられるべき対象であると映ったのである。(5) しかし『本教外編』では、アマテラスやその子孫である天皇は、それぞれ「其の和御魂《にぎみたま》直日神《なほびのかみ》と共に天日《あまつひ》を知《しろ》し看《め》し」「皇美麻命《すめみまのみこと》は現事を知《しろ》し看《め》して、現民の賞罰を掌《し》り給」うとあるだけで、全体に占める比重はオホクニヌシよりも著しく小さくなっている。

『本教外編』に現れたいま一つの重要な視点は、「幽冥界」という概念が提示されていることである。この言葉は、いうまでもなく前章まで検討してきた「顕」と「幽」を想起させ、篤胤が宣長の顕幽論を受け継いでいたことをうかがわせるものである。しかし、ここでの「幽」の意味内容は、全く異なっている。そもそも原著では、人間の霊魂は死後に裁きを受けて直ちに天国に上るか、もしくは地獄に落ち、そこで永生を得るとされ、「幽冥界」に相当する世界はなかった。これに対して『本教外編』では、霊魂は死後いったん「幽冥界」にすべて集められ、そこを主宰するオホクニヌシによる裁きを受けてから、善き霊魂は「天津《あまつ》国《くに》」へ、悪しき霊魂は「夜《よ》見国《みのくに》」へ送られるとされている。つまりここでは、「幽」を「幽冥」と読み替えた上で、それを「死後に霊魂が赴く世界」とする、宣長や千家俊信にはなかった新しい解釈が現れているのである。

以上の二つの視点は、『本教外編』においてオホクニヌシの果たす役割がいかに大きなものであったかを示す点で共通している。そして、この時点ですでに現れていた幽冥界やオホクニヌシに対する篤胤の関心は、いくつかの修正を経ながらも、一八一一（文化八）年以降に確立される彼独自の神学に受け継がれ、さらに発展させられてゆく。

2　『霊《たま》の真柱《みはしら》』

「幽冥界」の解釈

「幽冥」を「死後の世界」と見る篤胤の解釈は、必然的に彼をして、人はみな死後黄泉《よみ》へ行くのであって、そうした世界はないとする宣長神学に対する積極的批判へと向かわせることになる。この点を主眼として一八一一（文化八）年末に書かれた著作が『霊《たま》の真柱《みはしら》』である。ここで彼は、人の霊魂は死後も「幽冥界」に留まり、オホクニヌシの支配を受けるという、『本教外編』にすでに現れていた解釈を、今度はキリスト教書ではなく、「国譲り」に関する先の『日本書紀』一書第二の文章、並びにそれを注釈した『纂疏』を引用しながら展開しているのである。

『霊の真柱』によれば、「幽冥界」「冥府」とは、宣長のいう黄泉(6)のように地下にあるのでもなければ、高天原のように天上にあるのでもなく、この地上にあるものとされる。篤胤はこう述べている。

抑《そもそも》、その冥府と云ふは、此顕国《うつしくに》をおきて別に一処あるにもあらず、直《ただち》にこの顕国の内いづこにも有なれども、幽冥《ほのか》にして、現世とは隔り見えず。故もろこし人なども、幽冥また冥府とは云へるなり。さて、其冥府よりは、人のしわざのよく見ゆめるを、顕世よりは、その幽冥を見ることあたはず。

(そもそも、その幽冥界というのは、この目に見える国土をおいてもう一つあるわけでもなく、直接にこの目に見える国土の中のどこにでもあるのだが、ぼんやりしていて、現世とは隔たりが見えない。だから中国の人なども、幽冥または冥府というのである。さて、その冥府からは、人のすることがよく見えるようであるが、現世からは、その幽冥界を見ることができない)　　(平二、八二)

「現世」と「冥府」はつながっており、現世から冥府を見ることはできないが、冥府からは、現世の人の有様が手にとるようにわかる。さらに篤胤は、死後の魂の行方についても、次のように述べる。

此の国土の人の死て、その魂の行方は、何処ぞと云ふに、常磐《とことは》にこの国土に居ること、古伝の趣きと、今の現の事実とを考へわたして、明に知らるれども、(中略)此顕明の世に居る人の、たやすくは、さし定め云がたきことになむ。(この国土の人が死んで、その魂の行方はどこなのかといえば、永久にこの国土にいることは、古くからの伝承と、いまの現実とを広く考えて、明らかにわかるのであるが、〈中略〉この目に見える世の中にいる人が、たやすくは、そのようにいえないことなのである)(同)

『本教外編』で「天国地獄説」をとったのは、「古伝の趣き」や「今の現の事実」を広く考えず、キリスト教をそのまま受け入れたために生じた誤りであった。人間の霊魂は、実は死後も永遠に、この地上にある幽冥界に帰属する、としたのである。

こうした篤胤の解釈は、『霊の真柱』で初めて展開されて以来、後々に至るまで保持されたものであり、来世を彼岸や極楽浄土という、現世から離れた遠い世界におくキリスト教や仏教に対して、彼の幽冥思想の独自性を示すものといえよう。なお津田左右吉は、『日本の神道』の中で、篤胤の思想の根底には、「死ねば形体と魂が分離するとしながら、死後の世界の如きものを想定しなかったシナ思想」があると指摘した（前掲『津田左右吉全集』第九巻、二七九頁）。しかし他方で、篤胤のこの思想は、津田と同時代を生きた柳田國男《やなぎたくにお》（一八七五〜一九六二）にひそかに受け継がれていたことを見逃してはならない。なぜなら彼は、一九四五年に書かれた『先祖の話』の中で、「日本人の死後の観念、即ち霊は永久にこの国土のうちに留まって、そう遠くへは行ってしまわないという信仰が、恐らくは世の始めから、少なくとも今日まで、かなり根強くまだ持ち続けられているということ……これがいずれの外来宗教の教理とも、明白に喰い違った重要な点であると思う」（『柳田國男全集』一三、ちくま文庫、一九九〇年所収、六一頁）と述べていたからである。

善神としてのスサノヲ

さて、話を再び『霊の真柱』に戻そう。篤胤は、天皇が「現世」を治めるのに対して、オホクニヌシは「冥府」を治めていることを、次のように述べている。

凡人《ただびと》も如此《かく》生《いき》て現世《うつしよ》に在るほどは、顕明事にて、天皇命《すめらみこと》の御民《みたみ》とあるを、死《しに》ては、その魂やがて神にて、かの幽霊、冥魂などもいふ如く、すでにいはゆる幽冥に帰けるなれば、さては、その冥府を掌《し》り治《しろし》めす大神は、大国主の神に坐せば、彼の神に帰命奉《まつろひまつ》り、その御制《みおきて》を承賜《うけたま》はることなり。

（およそ人も、このように生まれて現世にいるうちは、目に見える世界にいるのであって、天皇の民となっているのであるが、死ねば、人の霊魂はそのまま神であり、かの幽霊、冥魂などともいうように、すでにいわゆる幽冥に赴くのであるから、そうすると、その幽冥界を主宰されている大神は、オホクニヌシであられるので、この神に従い申し上げ、そのおきてを承知申し上げるのである）

（平二、五五～五六）

オホクニヌシが、「幽冥界」を主宰するという、『本教外編』以来の篤胤の主張の前提としてあるのは、『古道大意』ですでに述べていたように、同神がそもそも「地」の正統的な支配者であったという「事実」である。彼はこの「事実」を裏付けるために、まずオホクニヌシの親神に当たるスサノヲノミコトに着目する。スサノヲは、記紀神話で国生みの祖神とされるイザナキ（『古事記』の表記は伊耶那岐命《いざなきのみこと》、『日本書紀』の表記は伊奘諾尊《いざなきのみこと》）が黄泉国から逃れてきて両目と鼻を洗った際に、アマテラス、ツクヨミとともに生まれた「三貴子」（三柱の美しい神）の一つである。

「三貴子」はそれぞれ、イザナキから統治領域を任されるが、スサノヲのそれは『古事記』では「海原」、『日本書紀』本文や一書第一では「根の国」、『日本書紀』一書第六では「天下」とあり、一定していない。前章で述べたように、ツクヨミとスサノヲを同一神と見なした服部中庸は、『古事記』の説をとり、この神が統治を任されたのは「滄海原」であるという解釈を下した。これに対して篤胤は、中庸の解釈を認めた上で、「青海原とは、この国土全くを云ふ」（平二、三九）とし、こう述べたのである。

速須佐之男命に、「所知青海原潮之《あをうなばらしほの》八百重《やほへ》」と依賜《よさしたま》へるは、この国土を并所知看《みなしろしめ》せと詔《のたま》へるにて、此は天照大御神に「所知高天原」と依賜へるに対して、天と地とを依し別け給ふこと、二つの御目より生坐《あれませ》る、二柱の珍子《うづのみこ》に坐《ましませ》ば、然《しか》有るべきこと、理の至極と云ふべし。

（イザナキがスサノヲに、「青海原を治めなさい」とお任せになったのは、この国土をすべてお治めになるようにとおっしゃったのであり、これはアマテラスに「高天原を治めなさい」とお任せになったのに対応して、イザナキが天と地とを別々の神にお任せになられたのである。アマテラスとスサノヲは、イザナキの二つの目からお生まれになった、二柱の貴い神でいらっしゃるのであるから、このようになるのも、きわめて当然の道理といわなければならない）　（同）

ここで篤胤は、結果的に『日本書紀』一書第六の説に同調する立場をとっていることがわかる。つまり彼によれば、「そもそもこの国土は伊邪那岐大神の、畏き御依《みよさし》に因《より》て、建速《たけはや》須佐之男命の、広く永く所知看《しろしめ》すべき国土」（そもそも、この国土は、イザナキからのおそれ多い依託によって、スサノヲが広く永久にお治めになられるはずの国土）（平二、五一〜五二）なのであった。スサノヲは、国生みの祖神から「天下」を治めるように正式に依託を受けた正統的な支配者であるという解釈が、ここから生じることになる。

これは、革新的な解釈であった。なぜならスサノヲは、宣長が『古事記伝』で説明したように、あくまでも「海原」を支配するよう依託を受けたのであって、「天下」

はニニギが降臨するまで、支配者が空位のままの状態であったとされていたからであった（本九、二九三）。こうした宣長の解釈の背景にあったのは、スサノヲを善神であるアマテラスに対比されるべき悪神とする、それまでの伝統的な見方である。臭気を嗅ぐ鼻から生まれたという出自、高天原におけるアマテラスとの「御誓」に勝った後の「勝さび」、母神であるイザナミ（『古事記』の表記は伊耶那美命、『日本書紀』の表記は伊奘冉尊）を慕って「根の国」へ赴くことになる最期（それぞれ本九、二八五～二八六、二九三、三四七～三四八）、これらはすべて、宣長にとっては、スサノヲの悪しき性格を物語るものにほかならなかった[7]。

ところが篤胤によれば、宣長の説は全くの誤りであり、スサノヲは悪神どころではない[8]。彼はこう述べている。

そも〳〵この大神（スサノヲのこと――筆者注）よ、止事《やむごと》なき御謂《みいわれ》によりて、遂には御母《みおや》の坐《ま》す下津国《したつくに》に罷坐《まかりま》しつれど、その始終の御行状を、熟《つらつら》に見奉れば、すべて大御父の大神の御依《みよさ》しを重みし賜ふ、御心のほど見えて、たふとしなどまをすもさらなる御事なり。

（そもそもスサノヲは、のっぴきならない理由によって、ついにはイザナミのおられる根の国においでになられたのであるが、その初めから終わりまでのお行いを、よく拝見すれば、すべて父であるイザナキからの依託を重んじなさるお気持ちが現れており、尊いなどと申し上げるまでもないことである）（平二、四四）

篤胤にとってスサノヲとは、一言でいえば、「たふとしなどまをすもさらなる」神なのである。ではなぜ、この神は荒ぶるのか。彼によれば、それは「その荒魂《あらみたま》と坐《まし》ます禍津日神《まがつひのかみ》の属坐《つきま》すが故」（その荒くたけだけしい神霊でいらっしゃる禍津日神が付いていらっしゃるため）（平二、四三）であって、スサノヲ自身の性格によるものでは決してない。しかも「禍津日神」は、「穢事《きたなきこと》を甚く悪み賜ひて、汚穢《けがれ》の有れば、荒び賜ふ」（汚いことをひどくお嫌いになり、汚いものがあれば、お荒れになる）のであり、「汚穢たる事のなければ、荒び給ふこともなく、幸をさへに賜ふ」（汚いことがなければ、お荒れになることもなく、幸いをさえお与えになる）神である（平二、三六〜三七）。したがって、この神を黄泉の汚れから生まれ、先験的に諸悪の根源をつかさどるとする宣長の『玉くしげ』の解釈（本八、三一五）もまた、篤胤にいわせれば誤りとなる。

「記紀神話」の構造にメスを入れる

スサノヲは、「大御父の大神の御依し坐せる御詔を畏み賜ひて、ひたぶるには往坐さず、久しくこの国土に在て、いみじき御功ども立賜ひ」(イザナキがお任せになったお言葉を謹んでお承りになって、ただ根の国に行ったわけではなく、しばらくこの国土にいらっしゃって、すぐれた功績をお立てになり)、五代までの子孫が次々に「国作り」に励む様子を見守っていたが、「六代の御孫」のオホクニヌシが生まれるに至って、「遂に御欲のごとく、根の国には入り坐せる」ことになったという(平二、四〇、四四)。これは、地上における支配者の地位を譲るに足る神がようやく出現したことを意味しており、スサノヲがオホクニヌシにその地位を譲って「退位」したことを示していよう。

こうして、記紀神話における神々の系統の上でも、オホクニヌシの支配の正統性を導き出した篤胤にとって、『古事記』の文章を一点一画も崩さず、その忠実な注釈を試みる『古事記伝』の学問的態度は、いかにも都合の悪いものであった。『霊の真柱』で彼は、『三大考』を称賛しつつ、しかも「なほ古ノ伝にも、くさぐさ混《まぎれ》たる説のあるを弁《わきま》へねば、いまだ考へ及ばざりしことの多かる」(平二、八)と批判したが、それは『三大考』が、「古ノ伝」を『古事記』とする宣長の視点を継承していたからであった。

ここに至って彼は、宣長神学に対する批判からさらにさかのぼり、ついに「記紀神話」の構造そのものにまでメスを入れることになるのである。具体的にいえば、彼自身の選定による真の「古史」、すなわち『古史成文《こしせいぶん》』（全百六十五段）の作成である。『霊の真柱』と『古史成文』、それに「古史」の出典を明らかにする『古史徴《こしちょう》』が、一八一一（文化八）年末に同時に書き上げられなければならなかったゆえんである。

3　『古史成文』『古史徴』『古史伝』

『日本書紀』一書と『出雲国風土記』の重視

「予諸古典に見えたる伝どもを通考《まじへ》て、新《あらたにえら》撰びたる古史の文」（平二、八）を『古史正文』とし、それを一段ずつ注釈するという方法は、もちろん真の「古史」を選定する基準が明らかでない以上、多分に主観的なものであり、絶えずドグマに陥りやすい危険をはらんでいる。後に述べる大国隆正《おおくにたかまさ》の「古事記、日本書紀ヲモ自己之見識ニテ刪定《さんてい》イタシ、古史ヲ被認《したためられ》候事甘心仕《つかまつりかね》兼候。右ニ付《つき》大切ノ古伝ヲモラシ候事オホク、宇宙第一ノ宝典ヲケガシ候罪モカロカラズ奉存候」（「神道興隆につき意見書」(9)という言葉や、和辻哲郎《わつじてつろう》(一八八九～一九六〇)が戦後になって述べた「篤胤の神道説は、宣長の長所である古典の文学的研究と関係なく、宣長の最も弱い点、すなわちその狂信的な神話の信仰をうけつぎ、それを狂信的な情熱によって拡大して行ったものである」(『日本倫理思想史』(10))という言葉は、こうした篤胤の方法に対する嫌悪感を吐露した典型であろう。

しかしながら、篤胤は決してなんら根拠のないまま、ただいたずらに「自己之見識ニテ刪定」し、「狂信的な」説を展開したわけではなかった。なぜなら彼は、『古史成文』の文章を一段ずつに分け、さらにその文章のどの部分がいかなる古典を根拠としているかを逐一解説した、『古史徴』を著しているからである。これを見ると、『古史成文』のほとんどの文章は、『古事記』『日本書紀』をはじめとする「客観的」な文書から成り立っていることがわかる。彼は例えば、記紀神話を素材としながら、「泥海古記」という全くオリジナルな神話を創作した天理教教祖の中山《なかやま》みき(一七九八・寛政十～一八八七・明治二十)とは、はっきりとその方法を異にしていたのである。

『古史徴』でまず目につくのは、篤胤が『古事記』に劣らず『日本書紀』を重視していることである。しかも彼は、『日本書紀』の「本文」を「撰者たちの心に、正しと定られたるかぎりを、撰び録されたる」「正書」とし、「一書等は悉《ことごとく》捨むことの然すがに可惜しさに、載し置れたるべく所思る」とされてきたそれまでの常識を覆し、「一書等の伝は、委くて貴き事多く、正書はかへりて委からず」として、『日本書紀』の「本文」よりも「一書」を重視したのである（新平五、九三〜九四）。彼によれば、「古伝説の要とある事は、すべて正書よりも、多く一書に見えたる」のであり、「今熟考ふれば、正書には却ていかゞなる事多く、始終とほらで、前と後と合ざる事さへ彼此あ」るという（同）。序章で述べたように、「一書」を後の潤色の多く加わったものとした津田左右吉とは、全く相対する解釈をしているわけである。

したがって当然、『古史成文』では「本文」より「一書」の方がはるかに多く引用されている。序章で津田に従って「例外」としておいた『日本書紀』の「一書第六」および「一書第二」の該当箇所は、ここではいずれも「古史」に採用されている（『古史成文』第九十三段、百十六段、百二十三段）。やはり、出雲人によって後から付加されたとする津田の解釈との対照は明らかであろう。

それから、篤胤自身「各国にして、旧より聞伝たる古老の説を、専と記さしめ給へる物にして、古事を証す便となること少からず、いとも珍重《めで》たく貴き籍」（新平五、一三〇）と述べた『風土記』、とりわけ『出雲国風土記』が『古史成文』に占めるウエイトの大きさもまた、注目されてよいであろう。なるほど彼は、「古き祝詞に見えたる事実は、その御伝へ坐る御故事にて、故事の本にしあれば、古事記神代紀の伝はあれど、古伝の有が中に、殊更に尊み重すべき物なりける」（同、二八）、「二典に並べて、此録（新撰姓氏録――筆者注）を熟く明むるぞ、古学の要旨とある学問なりける」（同、九六）とも述べているように、前述した『延喜式』巻八の「祝詞」や、古代の氏族の系譜を集成した『新撰姓氏録《しんせんしょうじろく》』も文書として重視している。しかし、『古史徴』によれば、『古史成文』における『出雲国風土記』の引用回数は、記紀二典に次ぎ、『延喜式』の「祝詞」や『新撰姓氏録』を圧倒しているのである。(11)

その中でも、序章で一部を紹介した、「天の下造らしし大神の命」「天の下造らしし神大穴持命」が主語として出てくる文章は、すべて「古史」として『古史成文』に収録されている（第八十六段、八十七段、九十一段、九十六段、九十八段、百三段、百四段、百二十一段）。これにより、オホクニヌシの「国作り」は、記紀二典に比べてはるかに具体的な内容をもつことになった。

「国作り」の具体的実態

篤胤はこのほかにも、宣長がほとんど全く見向きもしなかった文書の一部を「古史」とすることにより、国作りの内容を一層豊かなものにしていった。『古史徴』で明らかにされたその文書には、以下のようなものがある。

①『大三輪神三社鎮座次第』

大和国一宮で、オホクニヌシの異名でもあるオホモノヌシ（大物主神）を祀る大《おお》神《みわ》神社の古縁起を記した書。篤胤が生きていた当時は、鎌倉時代中期に書かれたものとされ、塙保己一《はなわほきのいち》（一七四六・延享三〜一八二一・文政四）が中心となって編纂し、すでに刊行されていた叢書『群書類従』正編にも収録された。篤胤はこれを読んだものと思われる。だが現在では、江戸時代中期に書かれたものであることがわかっている。『古史成文』第九十一段に、「ここに（オホクニヌシとスクナビコナ――筆者挿入）葦薦菅《あしこもすげ》を殖生して、水月《くらげ》なす浮漂之国地《うきたゆたふくにところ》、固め造りたまひき。因《か》れ、葦原国と曰ふ」（新平一、五三。なお原文は漢文。以下も同じ）とあるのが、この文書からの引用である。

②『伊予国風土記』逸文

奈良時代に編纂された『風土記』の一つ。ほとんどが散逸し、わずかに残った断片的な文章を「逸文」としてまとめたもの。『古史成文』第九十二段に、「是《ここ》に大《おほ》名牟遅神《なむちのかみ》、遠《を》えて伏しゝ時に、少毘古那神《すくなびこなのかみ》、活かさましく欲して、大分の速見の湯を、下樋《したび》より持ち度り来て、漬浴《みそそ》ぎしかば、蹔間《しばしほど》有りて活起《いきたち》まして、真蹔寝《ましばしい》ぬるかもと詠曰《のりたま》ひて、践《ふ》み健《たけ》びし跡処、今に湯の中の石の上に在り。伊予国の温泉是なり」（オホクニヌシが、疲れて寝ていたスクナビコナを回復させようとして、別府温泉の湯を地下の水道を通して持って来て、スクナビコナに浴びせかけたところ、しばらくしてよみがえり、「しばらく寝ていたのだなあ」といって元気に力を入れて地面を踏んだところが、今も湯の中の石の上にある。伊予の道後温泉がこれである）（新平一、五三〜五四）とあるのは、この文書に依拠している。

③『伊豆国風土記』逸文

この逸文は、北畠親房《きたばたけちかふさ》（一二九三・永仁元〜一三五四・正平九）の記録からの引用という形をとっており、現在ではもとの『風土記』ではないとされている。同じく『古史成文』第九十二段に、「人草の病を憫《あは》れみ、二柱神相議《あひはか》りて、薬温泉の術《みち》を始めたまひき。伊豆国の神の湯も亦其の数にて、箱根の元湯是なり」（人民の病気を気の毒に思い、オホクニヌシとスクナビコナが協議して、薬と湯治の療法を始めた。伊豆国の温泉もまたその一つであり、箱根の湯本温泉がこれである）（新平一、五四）とあるのは、この文書に依拠している。

④『大倭《おおやまと》神社註進状』

大和国の大和《おおやまと》神社および率川《いさがわ》神社の社記。篤胤が生きていた当時は、平安時代末期に書かれたものと思われ、『群書類従』正編にも収録されたが、現在では①と同じく、一七〇六（宝永三）年に書かれたものであることがわかっている。『古史成文』第九十六段に、「是に大国主神、其の和魂《にぎみたまのかみ》神と力を戮《あは》せ、広矛《ひろほこ》を御杖《みつゑ》と為して、国中の邪鬼《あしきもの》を撥《はら》ひ平《む》け、国作り給ひき。因れ亦の名を八千矛神《やちほこのかみ》と謂《まを》す」（新平二、五五）とあるのは、この文書に依拠している。

⑤『伊勢二所皇太神宮神名秘書』所収の「神祇譜天図記」

鎌倉時代中期に、豊受大神宮（伊勢神宮外宮）の度会行忠《わたらいゆきただ》（一二三六・嘉禎二～一三〇五・嘉元三）により作成された神道書。『群書類従』続編に収録されるが、篤胤が『古史成文』や『古史徴』を書いた当時はまだ刊行されていなかったため、他から入手したのであろう。「神祇譜天図記」につき、篤胤は「予いまだ其ノ全書を見ざれども、彼此に引ケるを見るに、所謂両部神道（神仏調和の神道説の一つ——筆者注）を起さむとして、作れる書の如く見ゆ。其ノ中に、まゝめづらしき古伝をも摭《ひろ》ひ記せるは、此よなき賜物にて、両部を附会したる罪をも、贖ふべくぞおぼゆる」（新平五、三八二～三八三）と述べている。『古史成文』第百三段に、「大国主神の御子、凡て百八十一神有《ま》しき。十五柱を珍子《うつのみこ》として、天下四方の国の人等に、みな恩頼《みたまのふゆ》を蒙らしめたまひき」（新平一、五九）とあるのは、この文書に依拠している。

こうしたさまざまな文書から浮かび上がる「国作り」の実態とは、おおよそ次のようなものであった。すなわち、イザナキとイザナミによる「国生み」後の「地」は未だ「地稚《くにうひ》しく、水母《くらげ》なす浮漂」う状態にあったが、オホクニヌシはまずスクナビコナと協力して、「葦薦菅を殖生」し、「国作り」の基礎を築いた（『大三輪神三社鎮座次第』による）。次に、石見国安濃郡静間村（現・島根県大田市）に今も残る「志都石屋《しづのいはや》」(12)を本拠地としながら、「地」の中心であった出雲国内をくまなく巡回して、各地の地理的特徴を把握したり、稲作を始める一方（『出雲国風土記』による）、温泉を開拓し（『伊予国風土記』『伊豆国風土記』による）、病気治療の方法を人々の間に広めたばかりか、作物に被害を与える鳥や昆虫を駆除して農耕の基盤を安定させた（『伊豆国風土記』『日本書紀』一書第六による）。

さらには、自ら各地に「さばえなす」邪神どもを退治し（『大倭神社註進状』による）、アジスキタカヒコ（『出雲国風土記』の表記は阿《あ》遅《ぢ》須《す》枳《き》高日《たかひ》子命《このみこと》。篤胤によれば、この神は記紀に出てくる事代主神《ことしろぬしのかみ》に相当する）やミホススミ（『出雲国風土記』

の表記は御穂須々美命《みほすすみのみこと》。篤胤によれば、この神は『古事記』に出てくる建御名方神《たけみなかたのかみ》に相当する）をはじめとするすぐれた十五柱の子神を地上のすみずみにまで派遣して、国作りの徹底化を図ったのである（『伊勢二所皇太神宮神名秘書』による）。

このような多岐にわたる国作りの事業は、『古史成文』の文章を一段ずつ注釈、解説した『古史伝』（全二十八巻。一八一二・文化九〜一八二五・文政八年に執筆、未完）の中で、篤胤自身により具体的に描かれている。篤胤は、オホクニヌシが天孫降臨前の「地」において、すでに卓越した指導力を発揮していたことを、多くの文書を使って「証明」してみせたのである。「国作大神と名に負坐る、此神の御労きは何に御坐けむ、想像奉るべし」（新平三、一五三）という彼の言葉は、この神が活躍した（と彼が信じた）神代の世界に思いを馳せたとき、当然に漏れてくる本音であったろう。〝はじめに〟でふれた津田左右吉のいう「テキストの欠陥」は、ここに大きく克服され、「国譲り」のための意義しかもたなかったはずの「国作り」が、今やその独自の価値を積極的に主張し始めたのである。

オホクニヌシによる賞罰

しかしながら、篤胤神学の目指すところは、その国作り自体にはなかった。国作りは、天つ神にオホクニヌシの功績を評価させ、「大造之績を成給へる、賞の賜物」(新平三、一六〇)として、ニニギノミコトを「顕」の支配者とする代わりにオホクニヌシを新たに「幽冥」主宰神にするための、あくまでも前提にすぎなかったのである。

先にふれたように、『霊の真柱』でも萌芽的に現れていたこの視点は、『日本書紀』一書第二の「国譲り」の記述が含まれる『古史成文』第百十六、百二十三段を注釈、解説した『古史伝』二十二、二十三之巻にあっては、さらに発展的に論じられている。それによれば、一書第二の「顕」と「幽」の関係は、前者は「此世」であり、一時的な仮の世界であるのに対して、後者は死後の世界であり、永続的な真の世界である。篤胤はこう述べている。

此世にある間は、大かたの人は、百年には過ざるを、幽世に入ては無窮なり。然れば此世は、人の寓世にて、幽世の本世なること決なし。(この世にいる間は、おおかたの人は、百年に満たないのに、幽世に入ると永遠である。したがってこの世は、人の仮の世であって、幽世が本当の世であることは間違いない)

(新平三、一七七〜一七八)(13)

人は生前は「顕」を支配する天皇の下にあるが、死後に霊魂は「幽冥界」に赴き、オホクニヌシの支配を永久に受ける。オホクニヌシとは、「国津神は更なり、天津神も国土に祝へる、また世に有ゆる人の、此世を過て、幽世に帰たらむ魂等を、（中略）主宰治むる大神」（国つ神はいうまでもなく、天つ神でも国土にまつられた神や、世の中のあらゆる人が、この世を去って、幽冥界に帰ってきた魂たちを、〈中略〉支配する大神）（新平三、一六〇）なのであり、この神の支配を受けるのは、天皇といえども例外ではないのである。

それればかりではない。篤胤は、「日本紀纂疏に、神事ト八則冥府之事ナリ、非祭祀牲幣之礼也、と言るが如くにて、幽事と云に同じ。口訣に、神事謂奉神之祭祀也、とあるは、いみじき誤なり」（新平三、一一七）と述べて『口訣』の説を明快に否定するとともに、『纂疏』の「悪を幽冥の中に為さば、則ち鬼神之を罰す。善を為し福を獲るもまた之に同じ」という部分に注目し、次のように解釈している。

君上は、いかに聡く明に坐せども、現世人の倣《ならひ》にし有れば、人の幽に思ふ心は更なり、悪行にても、顕に知られざるは、罰むること能はず。善心善行も顕ならぬは、賞《めで》給ふこと能ざるを、幽冥事を治給ふ大神は、其をよく見徹《みとほ》し坐て、現世の報をも賜ひ、幽冥に入たる霊神《たま》の、善悪を糺判《ただしわか》ちて、産霊大神《むすびのおほみかみ》の命賜《おほせ》へる性《まごころ》に反ける、罪犯を罰め、其性の率《まにま》に勉めて、善行ありしは賞み給ふ。
（天皇は、どれほど聡明でいらっしゃっても、現世にいる人と同じようであるので、人がひそかに思う心はもちろん、悪い行いでも、明らかに知られないものは、罰することができない。善意や善行も、目に見えないものは、おほめになることができないが、幽冥のことをお治めになるオオクニヌシは、それをよく見通していらっしゃり、現世の報いをもお与えになり、幽冥界に入った霊魂の善悪を判別して、タカミムスビとカミムスビがお与えになった性格に反した犯罪を罰し、その性格のままに努力して、善行があればおほめになる）（新平三、一七二）

天皇は、たとえいくら聡明であっても、人がひそかにたくらむことはもちろん、実際に悪いことをしても、それが明らかにならなければ、その行いを罰することはできない。また反対に、人の善意やすぐれた行いも、眼に見えなければ、ほめることはできない。だがオオクニヌシは、それらをすべて見通している。人は死後、オオクニヌシの前で生前の行いが洗いざらい明るみに出され、霊魂の善悪が審判される。そして、善き霊魂はオオクニヌシによって称賛され、悪しき霊魂は同神によって処罰されるとしたわけである。『纂疏』の説を一層〈宗教〉的に解釈したものであることは、明らかであろう。

造化三神の問題

なおここで一つ、注意しておくべきことがある。それは、この引用文にも現れているように、篤胤がオホクニヌシとは別に、天地のあらゆるものを産み出す造化の神として、「産霊大神」を考えていたことである。正確にいえば、この神は一神ではなく、葦原中国平定の総指揮をとったとされる天つ神のタカミムスビと、同時に出現したとされるカミムスビ（『古事記』の表記は神産巣日神、『日本書紀』の表記は神皇産霊神）の二神を指すが、篤胤によれば、この二神はさらに、「宇宙の万物を、悉く主宰」（平七、一二）するアメノミナカヌシ（『古事記』の表記は天之御中主神、『日本書紀』の表記は天御中主尊）から生まれ出たとされている。

確かに、これら三柱の神は、天地がまだできないうちに出現した「造化三神」として、次章でも述べるように『古史成文』の冒頭に登場し、『古史伝』にも言及がある。『古史伝』二十三之巻では、「幽冥事」は「謂ゆる造化の道に係る神事には非ず」（新平三、一六〇）として、「造化」と「幽冥」が明確に区別され、「顕」と「幽」が分かれた後も、オホクニヌシの役割は、宇宙や天地を主宰し創造する造化三神のそれとは少しも抵触しないと説明されている。

しかし他方で、毎朝神々に参拝するときに読み上げる「毎朝神拝詞」という文章を注釈した『玉だすき』の中で、篤胤自身が次のように述べていたことが注目される。

抑大国主神のしろし看す幽冥の事は、神の道の講説の中にも、やごと無き事にて、此の道理をよく明らむるは人の実徳に至るべき根元なる故に、霊の真柱を著はせる始めより、此の事を専とのべて、古史伝には殊に委しく書著はし云々。

(そもそもオホクニヌシのお治めになる幽冥のことは、神道の講釈の中でも、一通りではすまない重大なことであり、この道理を明らかにすることは、人が徳を身につけるようになる根本であるために、『霊の真柱』を著した当初から、このことをひたすら述べて、『古史伝』にはとりわけ詳しく書き著した)　(新平六、二〇七)

『玉だすき』によれば、『古史伝』でなによりも詳しく書き表したのは、「神の道の講説の中にも、やごと無き事」である「幽冥の事」であった。『古史伝』が、初期の『本教外編』以来、一貫して抱き続けてきた篤胤の関心を集大成した書とされるゆえんである。

このようにして篤胤は、「天」（「顕」）中心、〈伊勢〉中心の構造をもつ「記紀神話」と、それに基本的には規定された本居宣長の神学をともに乗り越え、新たにスサノヲおよびその子神であるオホクニヌシの系統を重視する、「地」（「幽」）中心、〈出雲〉中心の神学を確立したのであった。

4　後期水戸学との比較

会沢や東湖の歴史観

篤胤が『古史伝』の神代部を書き上げた一八二五（文政八）年という年は、水戸藩士の会沢正志斎（一七八二・天明二～一八六三・文久三）が、水戸学の経典といわれる『新論』を著した年でもある。篤胤神学が完成に向かう時期は、後期水戸学と呼ばれる学問が台頭してくる時期と一致している。そこでこの章の最後に、両者の比較を簡単に試みることにしたい。

尾藤正英《びとうまさひで》氏の「水戸学の特質」（『日本思想大系五三　水戸学』、岩波書店、一九七三年所収）によれば、水戸学を前期と後期に分ける特徴の一つは、日本史を記述する場合、その起源をどこにおくかをめぐって、前期が神武天皇以降の人代のみを対象としたのに対して、後期は神代までを対象にしたという点にある（五七〇頁）。確かに、徳川光圀《とくがわみつくに》（一六二八・寛永五～一七〇〇・元禄十三）の撰による『大日本史』が神武から始まるのに対して、後期水戸学の祖とされる藤田幽谷《ふじたゆうこく》（一七七四・安永三～一八二六・文政九）らは、それに先立って神代史の概要を記している。だが、幽谷らが記したのは、あくまで天孫降臨以降の神代史であって、それ以前の歴史に関する記述は、後期になっても相変わらずなされていなかった。

このことは、『新論』にせよ、幽谷の子の藤田東湖《とうこ》（一八〇六・文化三～一八五五・安政二）が藩主・徳川斉昭《とくがわなりあき》（一八〇〇・寛政十二～一八六〇・万延元）の『弘道館記』を解説した『弘道館記述義』にせよ、建国の基礎を「天祖」アマテラスから「天胤」「天孫」ニニギへの三種の神器の伝授に帰していることを見ても明らかといえよう。篤胤神学と後期水戸学とは、考察の対象となる神代の範囲を、一方は『古事記』冒頭の「天地初発」からとしたのに対して、他方は天孫降臨からとしたという点で、決定的に異なっている。

したがって、会沢や東湖らによれば、天孫降臨以前の日本は、いまだ建国の基礎の固まらない不安定な状態にあるのであり、その歴史は「正史」とは見なされない。当然、『日本書紀』一書第二の「顕」と「幽」に関する記述もない。例えば会沢は、やはり『弘道館記』を解説した『退食間話《たいしょくかんわ》』の中で、「その誠敬は皇祖天神にも通ずべき道理あり」とする「武御雷神」（タケミカヅチ）の功績にふれつつ、次のように述べている。

　天照大神、天下を皇孫に伝へんとせられし時、国土未だ平がざりしに、この神（武御雷神のこと――筆者注）、大己貴神の許に使して、其地を献ぜしめしより、国土安寧にして、皇孫も降臨ませしなり。[14]

天孫降臨以前の国土は、まだ不穏な状態にあったが、アマテラスがタケミカヅチを使者として送り、オホクニヌシと交渉して「国譲り」に成功してからは、国土もすっかり安定し、降臨の条件が整ったとしているわけである。藤田東湖も、『弘道館記述義』でこう述べている。

　鴻荒の時、邪神、中国（日本のこと――筆者注）に充満して、大国主神尤も強大なり。天祖嘗て天穂日《あめのほひ》・天若日子《あめわかひこ》を遣してこれを招撫したまふ。しかるに皆大国主神に弐《じ》して、また反命せず。建御雷神《たけみかづちのかみ》、詔を奉じて下土を平ぐるに及び、大国主神敢へて命に抗せず。国を献じて遠く逃る。その他の邪神もことごとく皆駆除せられ、中国始めて定れり。(15)

(大昔の時代は、邪神が日本に満ち満ちており、オホクニヌシが最も強大であった。アマテラスはかつて、アメノホヒやアメワカヒコを遣わして、オホクニヌシを従わせようとなされた。しかしどの神も、オホクニヌシにおもねり、再び帰ってはこなかった。タケミカヅチが詔を奉じて国土を平定するに至って、オホクニヌシはあえて勅命に反抗せず、国土を献上して逃亡した。その他の邪神もことごとくみな退治され、日本ははじめて安定したのである)

太古の時代は、邪神が国土に跋扈《ばっこ》していたが、オホクニヌシはその棟梁であった。タケミカヅチがアマテラスの詔を奉じて国土を平定し、オホクニヌシに国譲りを迫ると、オホクニヌシはついに屈服し、逃亡した。オホクニヌシに従っていた他の邪神もみな退治され、ようやく日本に平和と安定がもたらされたというわけである。このような会沢や東湖らの主張にとって、そもそも「地」の正統的な支配者を、スサノヲおよびオホクニヌシにおこうとする篤胤の神話解釈が、あまりに異端に属するものであったことは、いうまでもないであろう。

篤胤の死と篤胤神学の分裂

篤胤は、晩年に当たる一八三四（天保五）年からその翌年にかけて、藤田東湖に対し、『大日本史』の史料を編纂する水戸の「彰考館」で、古典ことに神祇式取り調べ官として任命されたき旨を再三にわたって申し出ているが、水戸藩からの返事はついになかった。東湖は天保五年三月二十九日付の会沢宛の手紙で、「大角（篤胤のこと――筆者注）の著述先公へ献候分御預ケに相成候ゆへ、もし誠に御覧被成候はゞ御用に仕り差上可申候」（篤胤の著書のうち、先の藩主斉脩《なりのぶ》公に献上した分を私がお預かりしておりますので、もしご覧になりたいのでしたら、ご希望どおり差し上げましょう）として、希望があれば篤胤の著書を会沢に渡すと述べる一方で、「三大考を元にいたし附会の説をまじめに弁《わきまへ》るはあきれ申候」と、それがそもそも読むに足らない内容のものであることを漏らしている。(16)

失意の底にあった篤胤を次に襲ったのは、幕府からの著述差し止め命令であった。一八四〇（天保十一）年陰暦十二月、篤胤は暦に関する著書『天朝《てんちよう》無窮暦《むきゆうれき》』で、洋学の知識を民間に流布したことを幕府天文台から問いただされ、江戸から故郷の秋田に強制送還されることになったのである。その後も彼は、江戸に帰って著述を再開するための運動を続けるものの、その成功を見ないまま、一八四三（天保十四）年陰暦閏九月、「おもふことの　一つも神につとめをへず　けふやまかるか　あたら此世を」（思っていることの一つも神のために務め終えないまま、とうとう今日残念ながらこの世を去ってしまうのだ）という歌を残し、六十八歳で死去した。

　篤胤の死後、尊王攘夷運動がさかんになるにつれて、『新論』や『弘道館記述義』が吉田松陰《よしだしょういん》（一八三〇・天保元〜一八五九・安政六）など多くの志士たちの間で競って読まれたことは、よく知られている。それは確かに、篤胤のある没後門人をして、「世に須佐之男命を唯に荒ぶる最悪き神にて、悪鬼神の首領《かみ》の如く心得たるが多く、大物主神（この場合はオホクニヌシを指す——筆者注）の、此世界に有ゆる鬼神の首《を》渠神《きがみ》と坐て治め給ひ、幽より世人の善悪を見行《みそなは》して、死後に其賞罰を糺判《きうはん》し給ふ冥府の御事などをば、都《かつ》ても窺ひ知られざる人の多かるは、最も悲しき事なり」（世にスサノヲをただ荒々しく非常に悪い神であり、悪い鬼神の棟梁のように思っている人が多く、オホクニヌシが、この世界のすべての鬼神を統率する神としてお治めになり、幽冥界から世の人の善行や悪行をお見通しになり、死後にその賞罰を判定される冥府のことなどは、全くうかがい知ることもできない人が多いのは、大変悲しいことである）（矢野玄道『真木柱《まきはしら》』。神二十七、五二七）と言わしめるほど、後期水戸学流の神話解釈を多くの人々に浸透させる結果を招いた。

だが、篤胤神学は、後期水戸学に必ずしも圧倒されていたわけではない。篤胤が死去した当時、五五三人だった門人の数は、没後には合わせて四二八六人に急増している。篤胤の門人以外の国学者や神道家はもとより、その門人や没後門人の間ですら、篤胤神学が投げかけた波紋はきわめて大きく、やがてそれは、「幽冥」の主宰神をめぐって大きく三つの思想潮流へと分裂していったのである。

注

（1）　篤胤は宣長の没後門人を自称したが、それは事実ではなく、篤胤の作為に基づくものであった。村岡典嗣『日本思想史研究第三巻　宣長と篤胤』（創文社、一九五七年）九〜一六頁、三木正太郎『平田篤胤の研究』（神道史学会、一九六九年）三五〜三九頁などを参照。

（2）　篤胤によれば、このタイトルは『万葉集』巻第三の、「おほなむち　すくなひこなの　いましけむ志都乃石屋は　幾代へにけむ」（オホクニヌシとスクナビコナがおられたという志都乃石屋は、それからどれほどの月日がたっているのだろう）（生石村生真人）という歌に由来する。なお注（12）も参照。

（3）　『天主実義』（上智大学キリシタン文庫所蔵）第三篇、第六篇を参照。なお石田一良氏の「林羅山と神道」（『神道古典研究』会報一一号、一九八九年）によれば、この書は篤胤のほかに、宣長や会沢も読んでいた（七一頁）。

（4）『日本の思想一四　神道思想集』（筑摩書房、一九七〇年）三〇二頁。

（5）三橋健「イエズス会宣教師の見た天照大神」（神道文化会創立三十五周年記念出版委員会編『天照大御神（研究篇）』、神道文化会、一九八二年所収）三九五〜三九六頁を参照。

（6）篤胤によれば、「黄泉」という漢字は誤りで、「夜見」と書くのが正しい。「此は漢籍まゐり渡りて、皇国言に、彼の国の字をあて初め給へるほどより、書ならへることゝ見えたり」（平二、七二）。

（7）なお『鈴屋答問録』にも、「此神（スサノヲ）もと、あらぶる神に坐して、天照大御神をさへに、なやまし奉り給へる、世の中の禍事の元首の神な」（前掲『うひ山ふみ・鈴屋答問録』一一二頁）りという言葉が見られる。

（8）後述する『古史成文』では、スサノヲはイザナキの鼻から生まれたという「事実」自体が否定される。ツクヨミとスサノヲを同一神と見なした篤胤は、「右の御目を洗ひ給ひしに因りて成りませる神の御名は、月夜見命。亦の御名は健速《たけはや》須佐之男命」（第二十六段）として、スサノヲはイザナキの右の眼から生まれたと解釈する一方、「御鼻を洗ひ給ふ時に成りませる神の名は、速佐須良比売神《はやきすらひめのかみ》」（第二十四段）と述べて、鼻から生まれたのはスサノヲではなく、ハヤサスラヒメであるとした。『古史徴』によれば、この記述の根拠となったのは、後述する『伊勢二所皇太神宮神名秘書』と同じく、鎌倉時代中期に度会行忠により神道書として書かれた『伊勢二所皇太神宮御鎮座伝記』である。篤胤はこの書を「種々の妄説どもを記たる」として批判しながらも、「古事記書紀に、御鼻を洗給ふ時に、速須佐之男命の生坐ると伝たるは、速佐須良比売神の生坐る伝を、誤れること炳《しる》く、其正しき伝の、御鎮座伝記に存れるは、いとも尊く歓ばしく、此よなき賜物になむ有ける」（新平五、三一〇）と述べ、その功は罪を補ってあまりあると評価している。

（9）『日本近代思想大系五　宗教と国家』（岩波書店、一九八八年）九頁。

（10）『和辻哲郎全集』第十三巻（岩波書店、一九六二年）三六六頁。

(11)　主として出雲を中心とする「地」に舞台が設定される『古史成文』第六十八段から第百三十段までに関しては、『古事記』からの引用は三十六ヵ所、『日本書紀』からの引用は二十七ヵ所であるのに対して、『出雲国風土記』からのそれは二十一ヵ所と、ほぼ『日本書紀』に迫っている。これに対して、『延喜式』の「祝詞」や『新撰姓氏録』は、『古史成文』全体でもそれぞれ十ヵ所余りしか引用されていない。

(12)　『古史成文』第九十四段には、注（2）で引用した『万葉集』の和歌をもとにした「此二柱の神の坐しゝ、所謂志都岩屋は、石見国に在る也」という文が見られる。篤胤は、この段を注釈した『古史伝』十九之巻で、「神世には、此安濃郡あたりも、出雲国なりけむ、と所思《おぼ》ゆるなり」と述べて、この場所がもとは出雲の一部であったことを示唆している。

(13)　この説は、前述したように、『天主実義』などの「死後本世説」を受け入れた『本教外編』にすでに見られていたが、篤胤はここで、その説が「外国籍」に由来することを自ら認めている（新平三、一七七〜一七八）。

(14)　前掲『日本思想大系五三　水戸学』二五〇〜二五一頁。

(15)　同、三一五頁。

(16)　山田孝雄『平田篤胤』（宝文館、一九四一年）一五三頁。

四　篤胤神学の分裂と「幽冥」の継承

1　造化三神と「幽冥」――佐藤信淵・鈴木雅之

二つの対抗手段

前章では、宣長の没後門人を自称した平田篤胤の神学を検討し、その神学が、晩年の宣長に現れていた顕幽論を継承しつつ、さらにそれを〈宗教〉化させたものであったことを見た。それは同時に、篤胤にとっては〈出雲〉の問題が、宣長よりははるかに大きな比重を占めていたことを意味するものでもあった。

既に述べたように、篤胤の門人以外の国学者や神道家はもちろん、その門人や没後門人においてすら、彼の神学が投げかけた波紋は大きかった。「顕」に対する「幽」の優位を前提とする顕幽論自体は継承しても、「幽冥界」の主宰をオホクニヌシに全面的に委ねることは、アマテラス――ニニギ――天皇が、一貫して正統的な支配者であり、その地位は決して揺らぐことがないとする国学者にとっての大前提を根本的に覆す恐れがあり、彼らからみてきわめて危険であった。『日本書紀』一書第二の記述にもかかわらず、これを拒否する人々は少なくなかった。

　彼らがとった対抗手段は、大きく分けて二つあった。その一つは、前章で述べたアメノミナカヌシ、タカミムスビ、カミムスビの三神を「造化三神」として重視し、「幽冥」を「造化」に包含したり、その下位概念とする方法である。この三神は、『古事記』の冒頭に、「天地初めて発《ひら》けし時、高天原に成りし神の名は、天之御中主神《あめのみなかぬしのかみ》、次に高御産巣日神《たかみむすびのかみ》、次に神産巣日神《かみむすびのかみ》」として登場するが、篤胤はこれを『古史成文』第一段で、「天地未だならざりし時、天《あま》つ御虚空《みそら》に成り坐せる神の名は、天之御中主神、次に高皇産霊神《たかみむすびのかみ》、次に神皇産霊神《かみむすびのかみ》」（平七、一）と読み替え、それを注釈した『古史伝』一之巻では、この三神が宇宙や天地を主宰、創造する役割をもっていることを論じていた。

　しかし、これも前章で述べたように、「幽冥」が初期の『本教外編』から『古史伝』に至るまで、一貫して篤胤の関心の対象となっていたのに対して、「造化」の問題が占める割合は、篤胤神学全体からいえば、それよりもはるかに少ないものであった。

佐藤信淵《さとうのぶひろ》（一七六九・明和六〜一八五〇・嘉永三）[1]と鈴木雅之《すずきまさゆき》（一八三七・天保八

～一八七一・明治四）は、この『古史伝』冒頭の説明にヒントを得て、造化三神に着目し、三神とりわけアメノミナカヌシによる神道の一神教化を図ろうとした人物であった。

佐藤信淵と「産霊の神教」

佐藤信淵は、篤胤と同じく秋田の出身であり、一八一五（文化十二）年に篤胤に出会って入門し、文政年間には篤胤の強い影響を受けながら、『天柱記《てんちゅうき》』開闢篇と『鎔《よう》造化育論《ぞうかいくろん》』という二つの神道関係の書物を著している。前者は、天地創造や万物化育（天地自然が万物を生じ育てること）の原理を、『古史成文』に根拠を求めて展開したものであり、後者はその姉妹編といってよい。信淵の神学は、この二つの書物でほぼ明らかにされている。以下、いちいち分けることなく、両者を通してその特徴を概観することにしたい。

信淵はまず、アメノミナカヌシを「造化の大始なれば凡そ神祇の中に於て最上無類の尊神」（『天柱記』。佐上、四八〇）であり、造化の根源をつかさどる最も重要な神であると解釈する。だが、その重要性にもかかわらず、この神は「古典諸紀天地の太初を説る所に聊《いささ》か御名の出たるのみ」（同）であって、それ以外の箇所には一切登場しない。そればかりか、「日本全国の中に未《いま》だ嘗《かつ》て此神の祀廟ありて祭る者あることを聞かず」(同)、すなわち、実際にこの神を祭る神社は全国に一つもないという、奇妙な状況が現前している。

いったいこれは、どういうことなのか。信淵によれば、それはアメノミナカヌシが「六合《りくごう》の外」(同。佐上、四八二)、「大卵軀《たいらんく》殻《かく》の外」(『鎔造化育論』。佐上、五三一)にあって、「六合の殻内」(『天柱記』。佐上、四八二)にいる我々としては、その造化の功績を知ることができないからである。彼はいう。「若《も》し然《しか》らざれば、則ち天御中主は天地を化生する真主にして世界最上の尊神、且又神祇を崇敬すること万国第一の皇国に此大神の祀廟なきは、解すべからざるの甚しき者に非ずや」(同)と。

しかし、「造化」をつかさどる神は、このアメノミナカヌシだけではない。「謹んで神代古典を按ずるに、天地未だ成らざるの時、天御中主神・高皇産霊神・神皇産霊神有り、この三神は、実に造化の首とす」(『鎔造化育論』。佐上、五三一)とあるように、タカミムスビやカミムスビも同様にこれをつかさどるのである。この二神は、「六合の殻内」にあるため、アメノミナカヌシとは異なり、「其天地修造の功績も著明に、祀廟有りて祭典の儀式も亦今に存す」(『天柱記』。佐上、四八二)という。信淵によれば、アメノミナカヌシは、この二神に命じて化育の業を始めさせたのであり、

「凡そ宇内《うだい》の運動して万物化育し、人神の滋息蕃衍《じそくばんえん》（しげりふえる――筆者注）すること皆産霊《むすび》（タカミムスビとカミムスビのこと――筆者注）の神徳に頼る」（同）のである。なお、日本が世界を制覇すべきことを論じた『混同秘策《こんどうひさく》』では、彼はこの二神を「産霊大神」「皇祖大神」と呼んでおり、自らの神道をしばしば「産霊の神教」「産霊の法教」と称している(2)。

したがって、人の霊魂はタカミムスビとカミムスビによって、まず「神聖の本処」たる「天」から「人民の本処」たる「大地」へと送られる。そして死後は、「性魂の本処」であり、オホクニヌシが支配する「幽界」を経て、基本的には再び「天」へと帰ってゆく（『鎔造化育論』。佐上、五七二）。彼によれば、「天」は人に生命を授けるに当たり、「仁義礼智の性」を与えたのであり、「能く此の性に率《したが》ひ、善を楽しみて倦まざれば哲人たり。哲人は則ち没後天に昇り、必ず天神と為す」（同、五七三）とあるように、原理的には万人がその善なる性によって「天」に帰り、タカミムスビ、カミムスビとともに「天神」となることができるとされている。孟子《もうし》の性善説を想起させる説明である。

ここで注目されるのは、信淵が一方で、オホクニヌシが「幽界」を支配するという篤胤神学のテーゼを踏襲しながら、他方でその権限を大幅に縮小していることである。すなわち、「幽界」とは、「天」と「大地」の間に位置し、霊魂が「大地」から「天」に向かう途上にある通過点にすぎないのであり、オホクニヌシが「幽界」で現世での人の功罪を調べるとはいっても、それによって霊魂が地獄に落ちることはあり得ない（同、五七三〜五七四）。死後の世界とは、より本質的には「天」のことであり、そこではオホクニヌシではなく、タカミムスビとカミムスビ、より究極的にはアメノミナカヌシが「天神」として支配権を握っているというのが、信淵の基本的な主張であった。

鈴木雅之とアメノミナカヌシ

鈴木雅之は、篤胤の門人ではないが、宮内嘉長《みやうちよしなが》（一七八九・寛政元〜一八四三・天保十四）、宮負定雄《みやおいやすお》（一七九七・寛政九〜一八五八・安政五）など、百十人におよぶ門人（没後は含まず）[3]を輩出した下総（現在の千葉県）出身の国学者である。彼の思想は、一八六七（慶応三）年までに成立したとされる主著『撞賢木《つきさかき》』にうかがうことができる。

まず雅之によれば、「凡世になりとなる万物」は、すべて「道」によって生じたものである（神二七、三三二）。「道」とは「天神の高天原に坐まして布行せたまふ生成の道」（同、三三三）のことであるが、「天神」とは「天之御中主神、高御産巣日神、神産巣日神、天照大御神」（同、三五六）の四神を指すとして、造化三神ばかりかアマテラスをも「天神」に含ませていることが注目される。したがって天皇は、「天神の御子」であり、「此世界の顕事」を治める「万国の大君主」とされている（同、三四四）。

しかしながら、この四神はそれぞれ、同じ比重をもって扱われているわけではない。重視されるのは、あくまで造化三神の方であり、中でもアメノミナカヌシは「生成の大本主」（同、三五九）として、「天地のいまだ生ざりし前より、虚空にましませり」（同）とされる。造化三神のうちで、アメノミナカヌシを最も重視するという点では、信淵とも共通する主張であるが、雅之はさらに、「二柱の産巣日神をはじめ、天地万物のなれるも、皆此大神の御心のみしわざなり」（同）と述べて、信淵がタカミムスビ、カミムスビに分担させていた役割をも、すべてアメノミナカヌシに一本化させている。つまり三神ではなく、ほとんど一神に近くなっているのである。

ではなぜ、「其功徳の古書に見えざる」（同、三六〇）という状況が発生しているのか。雅之は、この信淵にも投げかけられた問いに対して、「産巣日神に顕事をとり行はしめ、御自は幽事を掌りたまふ故なるべし」（同）と答えている。アメノミナカヌシは眼に見えない「幽事」を主宰しているために、「顕」の側にいる人々はその「功徳」に気づくことがなかったというのである。とりわけアマテラスが生まれ、ニニギが降臨してから、「天神の幽政は、いよいよしられずなりし」（同）という状況が進んできているが、だからといってアメノミナカヌシの「幽政」が消えたわけではない。

　したがって雅之によれば、顕幽分界はアメノミナカヌシがタカミムスビ、カミムスビに「顕事」を譲った時点に始まっているのであり、オホクニヌシの「国譲り」の段よりもはるかに先立っている。「幽事」を主宰する神はアメノミナカヌシであって、オホクニヌシではない。彼はこう述べている。


　本居翁、記紀の文におもひ泥《なづ》みて、幽事は悉《ことごと》くみな大名《おほな》持神《もちのかみ》の掌ことゝせられたるを、平田翁うけつぎて冥府の説を立、其処の首渠神《をさがみ》として、天神の詔命のまに〳〵全此神の幽事を治しめすなり、といはれしは誤なり。

（本居翁が、記紀の文章に拘泥して、幽事はすべてみなオホクニヌシが治めることとされたのを、平田翁が受け継いで幽冥界の説を立て、そこの主宰神として、天つ神からの勅命の通りに、もっぱらこの神が幽事をお治めになっている、といわれたのは誤りである）

（同、四二三〜四二四）

ここで雅之は、オホクニヌシが「幽事」を主宰するとした宣長や篤胤の解釈を、ともに「誤なり」として明快にしりぞけているのである。なぜなら、彼にとって「幽事」とは「魂のしわざ」のことであり、「魂は天神より出て、高皇産霊尊よりはじめて、万物の魂にいたるまで、皆天神の管《あづか》るもの」(同、四二四)であるからである。だが、宣長や篤胤の神学に対する雅之の批判は、これだけに留まるものではなかった。死後の「魂の行方」の解釈に対しても、彼は次のように、容赦のない批判を先達に浴びせている。

本居翁は、凡てみな黄泉に行とし、平田翁は、とことはに此国にしづまり居て、大《おほ》名持神《なもちのかみ》其こと司《つかさど》り坐《ましま》すことゝせられたれど、皆偏《ひとへ》にしてゆきたらはずのこるところあり。

(本居翁は、すべてみな黄泉国に行くとし、平田翁は、永久にこの国土に鎮座していて、オホクニヌシがそのことを治めていらっしゃるとされたが、どちらも偏っていて物事に通じていないところがある)

(同、四四〇)

雅之によれば、人の霊魂は死後、「幽事」を主宰するアメノミナカヌシによる審判を受け、「善者は天のよき国にゆき、悪者は黄泉の穢悪国に逐はるゝ」（同、四三九）という。このほかに、篤胤もいうように「一種また此国に居るもの」もあるため、「魂の行方」は三種類に分かれるのであるが、いずれにしても、信淵のように万人が善なる性をもち、「天」に帰ることができるとは考えられていない。

では、ここでいう「善者」と「悪者」を分ける基準となるのは、一体何であったか。雅之によれば、それは「仁義礼智」のような儒教的な徳ではなく、ひとえに「生成の功」（同、四〇七）があったかどうかに求められる。「生成の功」とは、生殖行為のことであり、雅之はこれを「魂の所為」と呼んで重視した。イザナミのように、「生成のことを妨げ、凶悪をなし罪を得て、或は殺され或は自死などせる徒の魂は、黄泉に逐はるゝ」（同）のである。こうした彼の主張は、男根を「産霊神の賜物」として生殖行為の重要性を説いた、同郷の宮負定雄らの主張に通じるものがあるといえよう[4]。

以上のように、鈴木雅之の神学にあっては、「天神」の筆頭にあげられるべきアメノミナカヌシが、「造化」と「幽冥」の双方を主宰する絶対唯一の神として想定されており、その子孫が「顕界」を支配するという構図になっている。先に見たように佐藤信淵は、オホクニヌシが「幽界」を支配するという「事実」自体を否定したわけではなかったが、雅之はこの「事実」をも完全に否定したという点で、アメノミナカヌシによる神道の一神教化を一層徹底させたわけである。

2　アマテラスと「幽冥」——大国隆正・本多応之助

1との共通性

篤胤神学に対抗する新たな神学を立てようとした人々がとったいま一つの手段は、オホクニヌシを無視または軽視し、あえてアマテラスを「幽冥」主宰神とする方法であった。この方法は、出雲系の国つ神を思想体系から切り落とし、「顕」と「幽」の支配を究極的には同一系統の天つ神に委ね、天つ神による神道の一神教化を進めることにより、あくまで「天」の優位を保とうとする政治的意図において、1の方法と共通するといってよい。代表的な国学者ないし神道家としては、石見（現在の島根県）津和野出身で、篤胤の門人でもある大国隆正（一七九二・寛政四〜一八七一・明治四）と、黒住教《くろずみきよう》の本多応之助《ほんだおうのすけ》（一八二五・文政八〜一八七一・明治四）の名があげられよう。

「幽界」を主宰するアマテラス――大国隆正

大国隆正が篤胤の門人となったのは、一八〇六（文化三）年と早かったが、独自の神学を築き上げたのは、嘉永から安政にかけての幕末期であった。すなわち嘉永年間には『死後安心録《しごあんじんろく》』を、安政年間には『本学挙要《ほんがくきょよう》』『直毘霊《なおびのみたま》補註《ほちゅう》』『本教《ほんきょう》神理説《しんりせつ》』『学統弁論《がくとうべんろん》』『古伝通解《こでんつうかい》』などをそれぞれ執筆して、宣長や篤胤に対する批判を精力的に展開している。以下、主にこれらの著書によりながら、隆正の思想の特徴を探ることにしよう。

隆正は篤胤と同様に、「幽冥はもとにして、顕露は末なり。幽冥は神霊おはしまして、顕露世界をあやどりおはしますこと、わが古事の真実にて、それにまされる説は、万国にあることなし」（『学統弁論』[5]）として、「顕」に対する「幽」の優位を認めている。しかし、やはり嘉永、安政期に書かれたと推定される『神道みちしるべ』によれば、「幽界」は篤胤神学のように単一なものではなく、「北極の幽界」「日輪中の幽界」「地球上の幽界」「地胎の幽界」「月球中の幽界」の五つに分かれている（大二、三三〇～三三二）。

このうち、「日輪中の幽界」、すなわち高天原は「幽界」の中でも最上位に位置し、そこを主宰するアマテラスは、すべての神々の中でも「至大至尊の神霊」である。一方、「地胎の幽界」、すなわち黄泉国はイザナミとスサノヲが、「月球中の幽界」はスサノヲの分霊であるツクヨミが、それぞれ主宰している。「地球上の幽界をつかさどりたまふ神霊」はオホクニヌシである。「北極の幽界」については、主宰神がはっきりしない（同）。

ここにはすでに、アマテラスが「幽界」の中心を支配するという、隆正神学の中心的主張が現れている。『天都《あまつ》詔詞《のりとごと》太詔詞《ふとのりとごと》考《こう》』（執筆時期不明）によれば、オホクニヌシは当初は「荒振神《あらぶるかみ》」であったが、「つひに天地の真主（アマテラスのこと——筆者注）をしり給ひ、暴の心をあらためて、奉仕の心になり」（大七、二四三）変わったという。この神が「地球上の幽界」を主宰することになったのも、「天照大神はあらためて、地球上の顕露を天皇に、幽冥を大国主神によさしたまへり」（『本教神理説』。大五、七）という神代の「事実」に求められる。しかし隆正は、オホクニヌシの「国作り」や『日本書紀』一書第二の「国譲り」については言及していない。

しかも地球上では、彼が先に認めた「顕」に対する「幽」の優位は、例外的に認められない。「地球上は顕露世界をむねとして、幽冥世界もありて、これを補佐せり」（『天都詔詞太詔詞考』。大七、一七〇）。「顕露世界」を主宰する天皇は「国の御中主」

であり、「大国主は地球上の幽界をつかさどりて、これをたすけたま」(『古伝通解』。大六、三三四)うのである。オホクニヌシが死後の霊魂を審判することは彼も否定しないが、それはあくまで「顕」における天皇の政治の遺漏を補うためであり、「日輪中の幽界」を主宰するアマテラスの地位を危うくするものでは無論ない(『死後安心録』。大五、三三四〜三三五)。それどころか隆正は、次のようにすら述べている。

人はしらじと思ひて悪事をたくめども、日輪中の幽界はとくしられてありぬべし。(人は知られないだろうと思って悪事をたくらんでも、太陽の中にある幽界にはすべて知られてしまっているはずである)　(同、三四二)

夜にても、人のするほどの事は、家々の神棚の神光より、いせの内宮に通じ、内宮より本宮高天原にうつりて、ことごとくしろしめすめり。あなかしこ。つつしみかしこみて、人の見ぬところなればとて、くらやみなればとて、悪事をなすべからず。ことごとく高天原に通ずるものなるを。(夜でも、人のしていることは、家々の神棚の神光から、伊勢神宮の内宮に通じ、内宮から本宮の高天原に移って、すべてを全部お見通しになっているようなのである。ああ、おそれ多いことだ。謹んでおそれ多いと思い、人の見ていないところだ

からといって、また暗闇だからといって、悪事をなしてはならない。すべてはみな高天原に通ずるものであるから）（同、三四三）

ここではもはや、「地球上の幽界」は想定されていないといってよい。幽冥界を主宰するのは、オホクニヌシではなく、アマテラスなのである。

ただし隆正によれば、「地球上の顕界」に属する我々としては、幽界そのものを見ることは決してできない。「顕」と「幽」の区分は、「顕露・幽界のへだてをおごそかにして通はしめたまはぬ」（『本学挙要』[6]）ほど厳重なものである。したがって「幽冥の裁判」の様子などは、「幽顕みちをことにするにより委しきことはわからぬもの」（『死後安心録』。大五、三三六）である。「神のおきてをおかして、うち・うらよりその幽界をしらんとするはわろかりけり」（『本学挙要』[7]）という彼の言葉は、そのまま「幽界のあることをしりて、幽・顕のへだてをしら」ない「本居流・平田流の国学者」（同）に対する痛烈な批判でもあった。

このように隆正の神学においては、アマテラスの占める比重が、決定的といえるほど大きい。確かに彼は一方で、「天地の本主を天之御中主之神といへりき」（『本教神理説』。大五、五四）、「万物はみな其根元は天之御中主神の分霊なり。一よりわかれて万々億々かぎりなき動物・植物・石物となりたるものなり」（『死後安心録』。同、三五六）などと、アメノミナカヌシを重視する信淵や雅之にも通じる主張をしている。しかし他方で、次のように述べていることを見逃してはならない。

天照大神出世したまへるのち、その天照大神に天・地・神・人・物の大柄《たいへい》をとらしめてその御中主は隠れたまへりき。これより天照大神、本主となりて、天・地・人・物の大柄をとりておはしますなり。

（アマテラスがお生まれになってから、そのアマテラスに天・地・神・人・物に関する大きな権限をお預けになってアメノミナカヌシはお隠れになった。それからアマテラスが本主となって、天・地・人・物に関する大きな権限を与かっていらっしゃるのである）

（『本教神理説』。同、五四）

天之御中主神は未発之中にして、その分霊天照大神に天地を授けたまへるのちは、寂然不動、声もなく臭もなく、潜《しづ》まりおはします。

（アメノミナカヌシは活動を起こさない神なのであり、その分霊であるアマテラスに天地をお授けになってからは、じっとして動かず、声もなく臭いもなく、ひっそりとしていらっしゃる）

（『直毘霊補註』。大二、一一七）

創造主宰神としてのアメノミナカヌシの機能は、永久のものではない。アマテラスが出現してからは、その機能は完全に同神が代行し、アメノミナカヌシはいわば、神としての資格を喪失するというのである。ここから彼は、さらに進んで、アマテラスをしばしば中国の「天帝」「上帝」に比定し、こう述べている。

支那にて天帝・上帝などいふも、わが天照大神をさすに似たり。

（『本教神理説』。大五、五四）

今の儒者は、天照大神を、いにしへありし、このくにの女帝に、ときなんとす。いにしへの博士は、天照大神を支那にていふ上帝、天帝にあてておもへり。いまの儒者の見識は狭く卑し。いにしへの博士の見識は、広くして高かりけり。隆正さらにこれを考ふるに、かの国にて上帝、天帝などいへるものは、いかにもわが天照大神のことになんありける。

（『直毘霊補註』。大二、九〇）

以上のように見たとき、隆正が篤胤の門人でありながら、「本居氏は本居の一家言あり。平田氏は平田の一家言あり。隆正は隆正の一家言あり」（『死後安心録』。大五、三二〇）として、自己の神学を宣長や篤胤のそれから区別した理由も明らかとなろう。それは一言でいえば、「天照大神の神道」（『直毘霊補註』。大二、一六九）と呼ぶべきものであり、アマテラスを中心とする神道の一神教化への道を探ろうとするものであった。

大国隆正と後期水戸学

なお最後に、後期水戸学者との関係について述べておきたい。篤胤がついに水戸家に受け入れられなかったのとは対照的に、隆正と水戸学者との関係は、すこぶる良好であった。隆正が彼らと交流するきっかけとなったのは、一八四八（嘉永元）年ごろ、儒学を激しく非難したとして幕府で問題となっていた隆正の著書を、徳川斉昭が一読して「やまとごころ」と名付け、皇学の神髄であると激賞したことであった(8)。それ以来、隆正は水戸家としばしば往来し、一八五三（嘉永六）年の江戸・小石川後楽園での花見では、斉昭、隆正、それに藤田東湖の三者が学問につき話し合ったほか、一八五四（安政元）年には駿河（現在の静岡県）で大地震にあった隆正が、江戸に帰って小石川の藩邸に東湖を訪れている。このとき隆正は、地震の知らせを聞いた斉昭が、「隆正はこの頃、道中いでたちあるべし。（中略）隆正が死にたらんは、今かれにかはるべき人をおぼえず。をしきものにてあるべきなり」(9)と言って、隆正の身の上をしきりに案じていたことを東湖から知らされるのである。

この間、隆正は一貫して、自らの著書を斉昭や東湖に献上し続ける一方、斉昭もそれらを逐一家臣に朗読させ、別に一部写本を作って幕府の老中にも送っていた。斉昭をして「今かれにかはるべき人をおぼえず」とまで言わしめるほど、隆正の著書が水戸学者に評価されていたという事実は、顕幽論を除けば、彼の思想が篤胤よりはむしろ、後期水戸学のそれに近かったことを示していよう。

「本国主」としてのアマテラス——本多応之助

本多応之助は、篤胤の門人ではなく、アマテラスを神として仰ぐ黒住教の信者である。その神学について述べる前に、この黒住教という宗教に簡単にふれておく必要があろう。

黒住教は、備前(現在の岡山県)の黒住宗忠《くろずみむねただ》(一七八〇・安永九〜一八五〇・嘉永三)が、一八一四(文化十一)年の冬至の日に開教したとされる創唱宗教の一派であり、現在は岡山市郊外の神道山《しんどうざん》に本部がある。同教が伝えるところによれば、この冬至の日の朝、昇ってきた朝日に向かって拝んだ宗忠は、自らの生命深く浸透してきた朝日の陽気を通して、その生命が天地の大生命である太陽と合一するという不思議な経験を味わい、「神人不二一体」の妙理を悟ったのであった。黒住教ではこの日を、天地宇宙の間の最高神であるアマテラスが、宗忠に「天命」を直接伝授した日としている。

宗忠は、著書を残さなかったが、その思想は、岡山藩士で黒住教の熱心な信者でもあった石尾《いしお》有則《ありのり》（一七七五・安永四〜一八五九・安政六）らが江戸で在勤の間に、宗忠が信仰を励まし、教義を説くために送った膨大な手紙を通して知ることができる。今日それは、彼の詠んだ歌とともに『黒住教教書』としてまとめられ、黒住教のうちでも最も重要な教典となっている。

それによれば、アマテラスは、「一切万物を生じ給ふ大御神ゆへ、天地のあいだ一切生かし、一切何事も成就せずといふことなし」（神二十八、二二九）とあるように、造化三神に代わって「造化」の機能を受け持っている。そしてこのアマテラスにより生み出された人間は、みなアマテラスの分身であり、アマテラスの「本心」を分け預かっている。宗忠はこう述べている。

太神（アマテラスのこと——筆者注）の御心が我本心と疑ひはなれ候得ば、有がた

ふて有がたふて成りませぬ。　（神二十八、一六五）
我本心は天照太神の分しん《ママ》なれば、心の神を大事に仕り候得ば、是ぞまことの心也。　（同、一七〇）

このような宗忠の思想を継承しながら、そこに支配的であった素朴な太陽信仰に顕幽論を導入し、教義を再構成したのが本多応之助であった。応之助は、宗忠の有力な弟子の一人であった赤木《あかぎ》忠春《ただはる》（一八一六・文化十三〜一八六五・慶応元）の教化により、一八五六（安政三）年ころに黒住教に入信した人物であり、その主張は、一八六三（文久三）年から翌年にかけて書かれたとされる主著『誠勤徳顕録《せいきんとくけんろく》』によく現れている。ひろたまさき氏が「幕末維新期の黒住教」（『岡山大学法文学部学術紀要』第三五号、一九七四年所収）で指摘する通り（一二三頁）、ここには篤胤神学からの影響が明確に認められる。だが『誠勤徳顕録』には、篤胤はもとより、他の国学者に対する言及もなく、応之助自身の思想形成についてもまだ不明な点が多い。

彼はまず、「一切神にても、幽顕の二つあり、万物にも幽顕の二つあり(10)」として、宇宙や世界が精神界を意味する「幽」と物質界を意味する「顕」の二つから成り立っていることを述べる。そして続けて、「みなみな幽明《ママ》が本体にて、幽明界より顕明界をうみ出し、幽明界より活かして居る也」[11]と述べている。「顕」に対する「幽」の優位は、ここでも保持されているわけである。

ただし、彼もまた大国隆正と同様に、「幽明界」を単一なものとは見なしていない。それは「盗賊界」「天狗界」「仙人界」「仏界」「天心界」の五つに分かれているのであり、このうち「盗賊界」は最も卑しく、「天心界」は最も貴い。「天心界」は、アマテラスを「本国主」とする「死なき世界」であり、この境地に到達した人は、「生通し」、すなわち生きながらにしてアマテラスと一体になることができる。応之助は一方で、「全体人の生るるは天心界のみにて、余の色々な世界には生れ付いたる人は更になし」[12]と述べて、宗忠と同様に、原理的には万人がこの「神人不二一体」の境地に達することができるとするものの、他方で実際には多くの人々が、自らの好みによってそれ以下の世界に迷い込み、そこで生活しているとして、宗忠との違いも見せている。したがって応之助によれば、「幽冥界へ居直り、幽冥の天照大神へ御目見え出来る」[13]人ははなはだ少ないのであり、黒住教の内部ですら、実際にこの境地に到達したのは、せいぜい宗忠と赤木忠春ぐらいしかいないという。

応之助の顕幽論には、隆正とは異なり、オオクニヌシは一切登場しない。またアマテラスが現れる以前の神代についても、「紛れ多し」としたうえで、次のように述べている。

前後に神多しといえ共《ども》天照大神に相双《なら》ぶべき神なきことは明らかに知れてある故、無限《かぎりな》き御大徳成る天照大神の御徳をしたひ、御一体御同徳御同席に至りさえすれば、是に越ゆる道もなし、教もなき也。(14)

このようにして応之助は、「天照大神に相双ぶべき神なきことは明らか」との独断の下に、アマテラスによる神道の一神教化を推し進めた。その根拠となったのは、記紀神話のアマテラス解釈というより、むしろ文化十一年冬至の日に起きたとされる、アマテラスから宗忠への「天命直授」という「事件」であった。

だが、そうした黒住教を、晩年の大国隆正は高く評価していた。彼は、「備前ノ黒住流」も「拙老ノトキ候タグヒ」も、「本居流、平田流ニモヨリ不申自己ノ見識ヲタテ候神道」である点では同じものであるとして、その教義に理解を示した。(15) 一八七〇(明治三)年には、当時の黒住教の管長であった黒住宗篤《むねあつ》(一八四六・弘化三〜一八八九・明治二二)の招きにより、本部のあった備前国御野郡中野村に赴き、同教の教典の一つであった「御訓誡七ヵ条」につき講義、解説をしている。それは図らずも、自ら「天照大神の神道」と呼んだ隆正の神学と黒住教との、意外なほどの思想的類似性を示しているといえないであろうか。

3　オホクニヌシと「幽冥」――六人部是香・矢野玄道

是香と玄道の共通点

1、2のような対抗手段をとった人々に対して、オホクニヌシが「幽冥界」を主宰するという、篤胤神学の本質に固執する門人ないし没後門人がいなかったわけではない。山城（現在の京都府）向日《むこう》出身の六人部《むとべ》是香《よしか》（一七九八・寛政十〜一八六三・文久三）[16]と、伊予（現在の愛媛県）大洲《おおず》出身の矢野《やの》玄道《はるみち》（一八二三・文政六〜一八八七・明治二十）は、そうした本質を師から受け継ぎ、さらにそれを発展させた代表的人物であった。

この二人の門人は、次の二つの点から、同じような経歴を歩み、よく似た環境の中で生涯を送ったということができる。すなわち、その一つは、是香は篤胤に、玄道は是香に直接会って学識を高く評価され、当時は門外不出とされていた『古史伝』を篤胤や是香から借り受けて読んだことを契機として、本格的な思想形成に入っているという点である。いま一つは、それぞれの出身が〈出雲〉と深くかかわっているとともに、その後の活動もそれにかなり規定されていたという点である。

まず前者の方から具体的に述べよう。是香は、一八二三（文政六）年陰暦七月に入京した篤胤と、待望の初面会を果たしている。篤胤がわざわざ江戸から京に赴いた目的は、宣長の門人で、京で「鐸舎《ぬでのや》」と名付けられたセミナーの中心メンバーとなっていた書籍商の城戸千楯《きどちたて》（一七七八・安永七〜一八四五・弘化二）を通して、『霊の真柱』『古史徴』などの著書を仁孝天皇《にんこう》（一八〇〇・寛政十二〜一八四六・弘化三。在位一八一七・文化十四〜一八四六・弘化三）に献上することにあった。しかし当てにしていた千楯は、篤胤を「大山もの」「大に山気ある人(17)」と呼んで不信感をあらわにしており、結局篤胤は、当初の目的を果たすことはもちろん、予定していた鐸舎での講演を開くこともできないというありさまであった。

このような状態にあった篤胤を京で助けたのは、一貫して彼の著作を評価してきた服部中庸と、六人部節香《ときか》（?〜一八四五・弘化二）、並びにその子である是香であった。特に六人部父子は、千楯に代わって仁孝天皇への著書献上を周旋したばかりでなく、父子が宮司として務める向日神社を篤胤の講演のための会場として提供するなど、支援を少しも惜しまなかった。

是香に面会した篤胤は、是香が篤胤の著書をよく読んでおり、一八二〇（文政三）年には『霊の真柱』にならって『学柱』という書物（現在は散逸）を著していたことを知った。そして『学柱』を一読して、是香の学識を高く評価し、是香あての手紙の中では、「折角世に示し候著述共を見候もの、彼連には一人も無之体」（せっかく世に出しました著書を見ました者は、鐸舎には一人もおりません）と千楯らの態度を批判する一方、「夫に付ても唯行々御《ゆくゆくお》頼母《たのも》しく辱《かたじけな》きは是香主に御座候。然る人なき中に野生が書を熟見給ひ候事、京師一人の知己と忝存候」（それにつけてもただこれから頼もしく、ありがたいのは是香殿でございます。そのような人がいない中で、私の書物をよくご覧になっておりますことは、京都ではただ一人の理解者としてありがたく思っております）と述べるなど、京で自分の学問を最もよく理解しているのは是香であるとすら考えるようになっていた。[18]

是香は、この面会をきっかけとして、文政六年九月に篤胤の門人となるが、篤胤は翌十月、当時まだ執筆中であった『古史伝』の草稿を是香に貸与し、書き写しを許している。『古史伝』は当時まだ、「たえて外に出すべからず」「またいかに親しき人といへども、他門の人に見すべからず、さるはいまだ草稿にて、人を誤まり、また嘲けらるゝ事も多ければなり」（同年十月十九日の是香あて篤胤書簡[19]）として、篤胤自身が閲覧を禁じていた書であり、それを是香に見せたことは、篤胤の是香にかける期待がどれほどであったかを物語っている。

一方、矢野玄道が是香に初めて会ったのは、玄道が平田門人の勢力の弱い京に国学中心の学校を作るために、大洲から京に乗り込んできた一八五一（嘉永四）年陰暦五月のことであった。玄道は一八四七（弘化四）年に篤胤の没後門人となっていたが、京で出会ったこの同門の先輩とたちまち意気投合し、嘉永四年十二月には、是香が篤胤から借りて写した『古史伝』を借り受けることができた。篤胤の死後もなお、『古史伝』は門人ですら容易に読むことができない状況が続いていたが、是香がそれを玄道に見せたことは、やはり彼が玄道の学識を高く評価していたことを示している。

ちなみに、玄道の手記には、「十二月初三、初得古史伝、喜可知」[20]と、『古史伝』を初めて手にした彼の感情が記されており、同月五日に大洲の父あてに書かれた手紙には、「六人部は（中略）玄（玄道のこと――筆者注）をば非常に信用仕くれ候て、（中略）玄を力と頼み候様子に御坐候」[21]と、是香が玄道に対して見せた丁重な態度が綴られている。

是香が篤胤に初めて会ったのが二十五歳、玄道が是香に初めて会ったのが二十八歳。このとき二人は、同じように師や先輩から、篤胤神学の集大成というべき『古史伝』を借り受けることができた。そしてこれを契機として、彼らは本格的な思想形成に入り、後述するような著作を次々と完成させてゆくのである。

次に後者の、それぞれの出身が〈出雲〉に深くかかわっているという点について述べよう。前述したように、是香は六人部家が代々神職を務めてきた向日神社の宮司であり、生涯の大半を神社のある向日町で過ごしたが、その祭神のムカヒノカミ（向日神）は、出雲系の神々の一つであり、スサノヲの子神であるオホトシガミ（大年神）のそのまた子神とされていた。つまり是香は、すでに生まれたときから、出雲の神に参拝することを宿命づけられていたわけである。

また玄道の出身地である大洲地方には、オホクニヌシとともに「国作り」に当たったスクナビコナに関する民間伝承があった。篤胤も『古史成文』で引用していた『伊予国風土記』逸文には、オホクニヌシが大分からもってきた温泉の水によって、スクナビコナがよみがえった記述があったが、スクナビコナはその後この大洲にやって来て、オホクニヌシと同様に、医薬や農耕、牧畜の道を始めるなど、さまざまな教化を行い、肱川《ひじかわ》という川を渡ろうとして、誤って水に流され、水死したとされている。このとき着けていた冠も一緒に流されたが、こちらは岩に引っ掛かり、以来その岩は「冠岩」と呼ばれるようになった。船でこの地点を通過する人は、積み荷のうち何か一つを川に投げ込み、スクナビコナの功績に感謝の意を表したという。スクナビコナはなきがらが漂着したとされる「お壺谷」からほど近い梁瀬山の山頂に祀られており、この山の一帯は、大洲ではスクナビコナの神陵の地として、今も広く知られている。(22)

このことも関係しているのであろう。伊予国、とりわけ大洲地方には、出雲系の神々を祀る神社の数が、他と比較しても目立って多かった。前述した『延喜式』巻九、十の「神名帳《じんみょうちょう》」によれば、そこに掲げられた神社である「式内社」のうち、オホクニヌシ、スクナビコナを祀る神社は全国で五十一社あるが、このうち伊予国は六社と、最も多数を占めている。さらに「神名帳」に掲げられていない神社である「式外社」になると、伊予国全体で百十五社もの出雲系神社があり、中でも大洲を中心とする喜多郡は四十二社と、二位の越智郡（十四社）以下を圧倒している。このデータは、考古学者の鳥居《とりい》龍蔵《りゅうぞう》（一八七〇〜一九五三）らが一九二八（昭和三）年前後に行った実地調査によるものであるが、彼らはさらに、大洲地方で発掘された考古学的資料にもとづき、古代に出雲との間に何らかの実質的な交渉があったことまでも示唆しているのである。(23)

先に述べたように、玄道は幕末には京、明治には東京を主な活動の舞台とするものの、その間にもしばしば帰郷しており、結局、一八八七（明治二十）年に大洲で死去するまでに、合わせて三十年以上にも及ぶ年月をこの故郷で過ごしている。玄道は、故郷を捨てて江戸に留まった篤胤とは異なり、大洲を愛しており、絶えず大洲という「場所」に立ち返ろうとする指向性をもっていた。それは是香とともに、〈出雲〉が与えた思想的影響の大きさを意味してはいないであろうか。

「幽冥」の定義

はじめに是香の思想を、彼の主著で、安政年間に書かれたとされる『顕幽順考論《けんゆうじゅんこうろん》』や、一八五七（安政四）年に書かれた『産須那社古伝抄《うぶすなしやこでんしよう》』、並びにその解説書として一八五九（安政六）年に書かれた『産須那社古伝抄広義』を手掛かりに検討しよう。

彼は、「幽を本源として、顕に及さゞれば、豈《あに》道の基本の立めやも」（『顕幽順考論』[24]）として、「顕」に対する「幽」の優位を前提とする篤胤の顕幽論を基本的には踏襲しながらも、一定の解釈の修正や補強を試みている。

それはまず、「幽冥」の定義に関して現れた。是香はこう述べている。

幽界政《ママ》の弘大無辺なる事は（中略）、天地の間に取ては、高天原は云も更なり、此一地球の上下に位したる六地球の間に渉る、天象造化の万機をはじめ、(中略)かゝる物の生産するも、悉く幽冥政に関る事云々。(幽冥界の政治が広大無辺であるのは、〈中略〉天地の間にとっては、高天原はいうまでもなく、この地球の上下に位置する水星、金星、火星、木星、土星の五つの惑星と月の間にわたる気象や造化のすべてのことをはじめ、〈中略〉このような物が生まれるのも、みな幽冥界の政治に関わっている)

(『顕幽順考論』[25])

つまり彼によれば、「幽冥」には「造化」の機能が含まれるのであり、鈴木雅之と同様に、顕幽分界はオホクニヌシの「国譲り」よりもはるか以前に生じていたとされる。「幽冥政」の大本は、「産霊二柱の大神」、すなわちタカミムスビとカミムスビが統治するのである。こうした彼の主張は、一見したところ、篤胤よりはむしろ、造化三神を重視する佐藤信淵や雅之の神学に近いものであり、オホクニヌシを幽冥主宰神とする篤胤神学そのものを否定しているようにに見えなくもない。

ところが、このような「産霊の幽政」は、オホクニヌシからニニギへの「国譲り」の際に、オホクニヌシに全面的に依託されることになる。その前提としてあったのは、篤胤と同じく、スサノヲを継いだオホクニヌシの「国作り」の「大功績」であった。是香の主張はこうである。

大国主大神は、其子弟眷族《けんぞく》の神等を率坐て、山を穿《うがち》ては湛《たたへ》し水をさばき、海潮を駆ては田沢を開墾し、種々の艱難辛苦を凌《しの》ぎ、まづ此日本国に、人民の住居せらるべく造営し給ひ、偖《さて》つゞいて其御眷族の神等を遣はして、唐土《もろこし》、天竺《てんじく》と次第に西方へ今のアジア、ヱウロツパの二大洲より、残る三大洲に至るまで、国土造成せしめ給て、御自《おみずから》躬は、此日本国の大君主として、万機の政令を敷施《しきほどこ》し給へり。

（オホクニヌシは、子弟や一族の神々を率いられて、山に穴をあけてはためた水を分配し、海を追いやっては田や沢を開墾し、さまざまな艱難辛苦をしのぎ、まずこの日本国に、人民が住むことができるように造営なさり、続いて一族の神々を遣わして、中国、インドと次第に西の方に向かい、いまのアジア、ヨーロッパの二大州から、残りの三大州に至るまで、国作りをされて、ご自分は、この日本国の大君主として、すべての政治を実施されたのである）

（『産須那社古伝抄広義』。神二十七、二二〇〜二二一）

高皇産霊大御神、（中略）大国主大神の、無双の大功を建給へる事を、御賞美遊ばされて、今まで大国主大神の敷施し給へりし、顕世の万機の政は、皇美麻命《すめみまのみこと》とます、彼邇々杵尊《かのににぎのみこと》に、替り行はしめ給べく、其替りとして、大国主大神は、今まで高皇産霊大御神の敷施し給へりし、幽冥政と申て、目にこそ見えね、此世中に人を生産せしめ給ふも、生れ出つる後は、其人の生産の禍福吉凶を始め、万事の上を掌る事も、其身死て屍と魂と分別たる後は、其魂を支配し給ふ、至貴至重の職を授け給へり。

(タカミムスビは、〈中略〉オオクニヌシがこの上ない大功績をお立てになったことを、おほめになられて、それまでオホクニヌシが行われていた目に見える世の中のすべての政治は、アマテラスの孫でいらっしゃるニニギノミコトが代わってお行いになるようにして、その代わりにオホクニヌシには、それまでタカミムスビが行われていた「幽冥政」と申して、目には見えないものの、この世の中に人を生み出されになるのも、生まれ出た後は、その人の生活の上での吉凶禍福をはじめ、すべてのことを管掌することも、また死んで身体と霊魂が分かれてからは、その霊魂を支配なさる、この上なく貴く重い職をお授けになった)　(同、二二一)

オホクニヌシの「国作り」は、全地球的規模に拡大するとともに、天孫降臨前に、すでに「日本国の大君主」の地位を確立している。そして「国譲り」の際には、オホクニヌシはタカミムスビから、この「国作り」の大事業の功績を高く評価され、篤胤神学にいうところの幽冥主宰神になるばかりか、造化神としての機能も一緒に譲り受けたというのである。結果として是香の主張は、オホクニヌシが「幽冥界」を主宰するという篤胤神学の本質を受け継ぎ、一層発展させたものとなっていることがわかろう。

「産須那社」の重視

次に是香は、「幽冥界」の場所についても、篤胤神学の修正を試みた。彼はまず、人はみな黄泉へ行くとする宣長の説を、篤胤が『霊の真柱』で批判し、死後も霊魂はこの国土にあるとしたことを、次のように評価する。

近頃と成て、古学仕奉る輩は、亡霊の予美《よみ》に往《ゆく》てふ説は、思《おもひ》も係《かけ》ず成ぬるぞ、全《すべて》吾師翁の賜物にて、世の為人の為、殊に甚深き有功にぞ有ける。

（近ごろになって、国学にお仕え申し上げる人々が、霊魂が黄泉国に行くという説は、思いもかけないようになったことは、ひとえにわが先生のおかげであり、世のため人のため、非常に深い功績であった）　（『顕幽順考論』[26]）

だが続けて篤胤が、「そは黄泉へ往かずは、何処に安在《しづまり》てしかると云に、社また祠などを建て祭たるは、其処に鎮坐れども、然在《しから》ぬは、其墓《おくつき》の上に鎮り居り、これはた、天地と共に、窮尽《きはまりつく》る期なきこと、神々の常磐に、その社々に坐すとおなじきなり」（霊魂が黄泉国に行かないで、どこにいるかというと、神社や祠などを建てて祭っているものは、そこに鎮座しているが、そうでないのは、墓の上に鎮座している。これもまた、天地とともに、永久であることは、神々が永久にそれぞれの神社に鎮座しているのと同じことである）（平二、八五）として、神社や祠を建てた場合を除き、霊魂は墓上にいつまでも留まっていると解釈したことに対しては、是香は「古伝に本拠もなく、幽冥政の大本、さては産須那神の御上などをも、思脱されつる非なり」（古い伝えに根拠もなく、幽冥の政治の大元、さらにはウブスナの政治などへも、思いが及ばなかったために生じた誤りである）（『顕幽順考論』[27]）と述べて、篤胤を強く非難した。

是香によれば、「其墓に残り留れる魂は、其人の本神霊にはあらずして、分魂」（その墓に残っている霊魂は、その人の本当の霊魂ではなく、分霊）（同）なのであり、

「魂の本体の在所は、墓処にはあらで、幽府さては産須那社」(霊魂の本体があるのは、墓ではなく、幽冥界さらにはウブスナの神社)(同)にある。ここでいう「産須那」とは、「其処に住る氏々の神」(『産須那社古伝抄』[28])、すなわち各地域の氏神のことである。このようにして彼は、「幽冥界」がこの国土のうちでも、とりわけ「産須那社」にあることを主張したのであった。

「凶徒界」に落ちる天皇

それでは、オホクニヌシとこの産須那神との関係は、どのようになるのであろうか。彼によれば、前者があくまで「幽冥政の万機を執政し給ふ」のに対して、後者は日本はもちろん、地球上の津々浦々に至るまで、「其の国々処々にして、区域を定めて、鎮坐」しており、「其地々々の幽冥政を、分掌」している(『顕幽順考論』[29])。産須那社が「奉行所の代官所」とすれば、出雲大社は「公庁」である(同)。「幽冥界」とは、いわば出雲大社を頂点とし、全国各地の産須那社がそれを「分掌」するピラミッド型の構造になっているのである。

したがって人の霊魂もまた、死後に直ちにオホクニヌシの支配下に入るわけではない。是香はこう述べている。

身死して神霊と化る後は、悉く其の産須社《ママ》に参集して、幽政の使令に関《あつか》る事なるを、（中略）其社にして裁判したまふ上に、尚また其国の一の宮に、一国の諸神参集して、評決し給へる上、十月に到り、出雲の幽府に帥て、行き坐して、本府の裁判にハ任せ給ふ事なり。

（身体が死んで霊魂だけになってから、すべての霊魂がウブスナの神社に集まり、幽冥の政治の司令下に入るのであるが、〈中略〉その神社で裁判された上、さらにまたその国の一の宮の神社に、国中の神々が集まって、評決された上、十月になって、出雲大社に引き連れてお行きになって、本庁での裁判にお任せになるのである）　（同[30]）

霊魂は、まず村落の産須那社、次いで各国の一の宮に送られ、それぞれ産須那神や一の宮に鎮座する神による審判を受ける。それを経て、毎年十月に出雲に送られる霊魂の賞罰を、オホクニヌシが最終的に画定するというのである。ここで注目すべきは、是香自身も「在世の間の所行と心掟との善悪に依りて、神位界に昇さるゝと、凶徒界に陥れらるゝとの差別あり」（生きている間の行いや心構えのよしあしによって、神位界に昇ることができる霊魂と、凶徒界に落とされる霊魂が区別される）（同）と述べているように、審判の結果により、善き霊魂は「神位界」に、悪しき霊魂は「凶徒界」に赴くとされていることである。篤胤にあっては『本教外編』以来否定されていた「天国地獄説」が、ここではっきりと復活していることがわかろう。[31]

しかしながら、さらに注目すべきは、こうした主張の上に立って、オホクニヌシによる天皇の審判を、是香が説いていることである。

すなわち、天皇が「大御心」を善事に用いた場合には、「神位界に坐して、恒に安泰に坐して、其寵臣等と共に燕楽し給ふ」（同）[32]ことはいうまでもないが、その反対に、「大御心」を悪事に用いて世を乱したり、野心や怨念を残したまま死んだ場合、あるいは天皇がオホクニヌシの「御諭言」を用いなかったり、「其の神語を嘲り誹謗」した場合、必ず産須那神ないしはオホクニヌシの神罰が当たり、突如として死を迎えたり、「凶徒界の統領」となるというのである（同）。「神の言を用ゐたまはずして」熊襲《くまそ》征伐を強行したといわれる仲哀天皇、「源の為義平の仲正等が子弟を率ゐまして、世の中を攪乱せんと謀り」て保元の乱を起こし、配流された崇徳上皇、「近臣寵僧等と、共に妖魅の凶議を為し給ひ」て、承久の乱や南北朝の動乱を招いた後鳥羽上皇や後醍醐天皇は、その例である（同）。

是香の論理は鮮明であり、審判を受ける人と天皇の霊魂の間に、上下の区別は存在しない。オホクニヌシはついに、天皇をも「凶徒界」へ落とすことのできる絶対的な権限をもつまでに至ったのである。

矢野玄道の『神典翼』

矢野玄道は、是香の学友であるとともに、篤胤の死後、彼の私塾であった気吹舎《いぶきのや》を主宰していた養子の平田銕胤《かねたね》（一七九九・寛政十一〜一八八〇・明治十三）からの信任が厚く、晩年には未完に終わった『古史伝』の続修を依頼されたほどの人物であるが、やはり是香と同様に、篤胤神学の一定の補強や修正を試みている。彼の著作は、①幕末期に書かれる『神典翼《しんてんよく》』に代表される考証学的著作、②明治期に書かれる『本《ほん》教学柱《きょうがくちゅう》』『志斐賀他理《しひがたり》』などに代表される幽冥論、③王政復古に際して書かれる『献《けん》芹詹語《きんせんご》』に代表される政治論の三つに大きく分類することができる。

『神典翼』は、全部で三十三巻からなる大作であり、青年時代から構想が練られていたとされるが、実際に書き始められたのは一八六五（慶応元）年である。この著作は、タイトルからもわかるように、記紀をはじめ、神代史を記録した古典に出てくる主要な語句を摘出し、その同じ語句が他の文書ではどのように用いられているかを解説することにより、古典を読む際の「翼け《たす》」となることを意図したものであった。したがって、この書物自体は玄道の神学を積極的に述べたものではないが、どのような文書が典拠として用いられているかを検討することで、彼の思想をある程度知ることができるように思われる。

玄道が『神典翼』で典拠とした文書は、実に九十種類以上にのぼっているが、中でも注目されるのは、『風土記』のもつ資料的価値を重視していることである。もちろん篤胤も、前述したように『出雲国風土記』をはじめ、『伊予国風土記』や『伊豆国風土記』の逸文を『古史成文』に引用するなど、この資料に十分な注意を払っていた。だが玄道は、篤胤が引用しなかった他国の『風土記』や、江戸時代になって新たに編纂された『日本総国風土記』に収められた諸国の『後風土記』までも、典拠として用いている。

この傾向は、オホクニヌシとスクナビコナの「国作り」に出てくる用語を説明した十五巻から二十二巻にかけて、顕著に見られる。そこでは、『古史成文』にもなかったような「国作り」の実態が、これらの『風土記』や『後風土記』の文章を通して、一層生き生きと語られる格好になっている。例えば大和国（現在の奈良県）は、元来山が多く平地が少なかったが、この両神が国内を巡行した際に、山を切り開いて谷とし、平地を作ったことから「山跡《やまと》」と呼ばれるようになった（『大和後風土記』による）[33]。また播磨国は、両神がこの国に来たときに、「弓を張るが如き国なり」と称したことから、「張浜之国《はりま》」と呼ばれるようになったという（『播磨国風土記』による）[34]。このほかにも玄道は、『播磨国風土記』や『信濃国後風土記』、『日向国後風土記』などを典拠として用いることにより、出雲以外の国々でも広くオホクニヌシが指導的地位にあったことを浮き彫りにして見せたのであった。

玄道の幽冥論

次に、玄道の幽冥論について述べよう。まず彼は、幽冥政はもとはタカミムスビが受け持っていたのであり、「国譲り」に際してオホクニヌシに全面的に依託されたとする是香の説を踏襲して、次のように述べている。

須佐之男大神の御子孫と坐す、大国主大神は、此天下を、皇産霊大御神の御子、少彦名大神と、尽に経営《つく》り固成賜ひて、万民の為めに用を利し、生を厚くする方、また心神を調へ、身を修め、家を斉る道を始めて、医薬禁咒《まじなひ》の術に至るまで、教へ伝へさせ賜ひて、比量《たぐい》なき大御《おほみ》功績《いさをし》を建させ賜へるによりて、皇産霊大御神より、其大神自ら聞看《きこしめし》つる甚《いと》も至重《おも》かる幽冥政を依し賜ひて、月日と与に遠長に君臨賜ふべく、大詔もて定させ賜へり。

（スサノヲのご子孫でいらっしゃるオホクニヌシは、この天下を、カミムスビの子神のスクナビコナと一緒に、すっかり作り固めなされて、万民のために、利用厚生の方法や、精神修養や修身斉家の道を始めて、医薬やまじないの術に至るまで、お教えお伝えになられて、この上ない大功績をお立てになったことによって、タカミムスビが、ご自分がお治めになっていた非常に重要な幽冥界の政治を依託なさって、月日とともに永遠に君臨なさるよう、勅命をもってお決めになられた）

（『本教学柱』。執筆は一八七七（明治十）年[35]）

先に是香のところで見た『産須那社古伝抄広義』をほうふつとさせる記述である。ただしここでは、スサノヲ、オホクニヌシ、スクナビコナといった出雲系の神々に、いずれもアマテラスと同様、「大神」という尊称が付けられていることに注意したい。また「国作り」に関する記述は、『神典翼』で行われた資料収集に裏打ちされたものとなっている。さらに、修身や斉家のような儒教的な道徳規範をもオホクニヌシが定めたとしているところは、「漢学の無き仁[36]」是香にはなかった玄道独自の見解である。

幽冥界が出雲大社を頂点に、各地の産須那社がこれを分かち預かる構造になっているとする是香の説も、玄道は受け継いでいる。彼はこう述べている。

出雲の大神は、その（幽冥界の——筆者注）大本を掌給ふ大君皇にこそ坐せ、その細小の末事に至ては、其国々処々に鎮坐《ましま》す産土神《うぶすなのかみ》、また氏神の、各々此を持分て御治め賜はる事にて、譬《たと》へば天下の大政は天皇の御朝に出ても、国々・県々に百官人等の有て、其々に持別て御治有ると同理なり。

（オホクニヌシは、幽冥界の本家本元を主宰される大君主でいらっしゃるが、そのささいな事柄に至っては、国々のあちらこちらに鎮座しているウブスナの神、あるいは氏神が、それぞれ分かち合ってお治めになっているのである。このことは例えば、天下の政治は天皇のいらっしゃる朝廷に由来しても、国や県ごとに官吏がいて、それぞれに政治を担当しているのと同じことである）

（『志斐語附録《しひごふろく》』。一八七四〔明治七〕年に執筆。神二十七、五七五）

そして彼もまた、「専ら産土神、氏神たちの御周旋に依りて、かの神事の大君主とまして、幽冥の政聞召《きこしめ》す、八雲立つ出雲国なる、八百米杵築の宮に鎮座す大神の御門に参往き向ひ」た（もっぱらウブスナの神や氏神のあっせんによって、幽冥の大君主でいらっしゃり、幽冥の政治をお治めになる、出雲国の出雲大社に鎮座するオホクニヌシのもとに出向いた）（神二十七、五一二）霊魂が、「生涯際の行状の善さ悪さを、真澄の鏡を押はる《ママ》して見そなはす事の如く、知看し定め」られ（一生の間の行いのよしあしを、澄み切った鏡を押し出してご覧になるようにして、掌握せられ）（同）、善き霊魂と判断されれば「神仙の堺」そして「天津国」へ、悪しき霊魂と判断されれば「魔鬼堺」そして「夜見国」へ行く（同、五一二）として、是香と同様に「天国地獄説」を認めているのである（『真木柱《まきはしら》』。一八七〇（明治三）年に執筆）。

　他方で玄道は、是香の説を継承しつつ、「幽冥世」には死後の世界だけでなく、生前の世界も含まれるとする解釈を唱えている。「幽界は、世に有ゆる諸物の成出て、又復帰る所」（『本教学柱』[37]）であり、「常住不変なる、真世」（『八十能隈手《やそのくまで》』。一八七四（明治七）年に執筆[38]）であるのに対して、「現界ノ生ノ白駒《はっく》ノ隙《げき》ヲ過《すぐ》ルガ如ク、昨日今日ト暮ラシ去歳今歳ト遷リ行テ、百年ノ寿ハ一場ノ夢ニ異ナラザ」る（この世の一生は、白馬が壁のすきまの向こうをちらりと走り過ぎるように、短くはかないものであり、昨日今日と暮らし去年今年と移り行きて、百年の寿命はわずかの間の夢にほかならない）（『善悪報応論』。執筆時期不明[39]）ものとされる。つまり、「幽」にはさまれた「顕」での時間は、「常住不変」に対する「一場の夢」というべきであり、「幽」の「顕」に対する優位は絶対的なものとなるのである。

『献芹詹語』の祭祀論

このように玄道の幽冥論は、篤胤や是香の神学にその多くを負うものであったが、それは一八六八（慶応三）年陰暦十二月の王政復古の大号令の直後に、岩倉具視《いわくらともみ》（一八二五・文政八～一八八三・明治十六）に提出した政治綱領として有名な『献芹詹語《けんきんせんご》』にも見られたところである。

すなわち彼はまず、「トカク世ノ治乱興廃、トモニ幽界ノ大神等ノ御心ヨリ出候事ナレバ、ユメ々等閑ニ被遊候テハ不相成候」（とかく世の中が治まるのも乱れるのも、興隆するのも廃れるのも、ともに幽冥界の大神のみこころから発しているのでありますから、決してなおざりになさってはなりません）[40]として、この世の出来事が実はみな「幽界ノ大神」から生じているという認識を示すとともに、王政復古もまた、「元来、幽冥界ヨリ、皇祖天神ノ御冥賛被遊《あそばされ》候御恩頼《みたまのふゆ》ニ因《より》候」（もともと幽冥界から、アマテラスや天つ神の目に見えないご賛助がおありになったおかげなのでございます）[41]として、その究極の原因を「幽冥界」に帰している。ここでは、「皇祖天神」が「幽冥界」に属するものとされているが、玄道は他の箇所で、「幽冥ノ大統領」「幽冥ノ大主宰」が「杵築大神」「出雲大神」、すなわちオホクニヌシであることを、はっきりと述べている。(42)

こうした主張の上に、彼は「凡《およそ》天下ノ第一ノ御政務ハ、天神地祇ノ御祭祀ニ御坐候(43)」と述べて、「祭政一致」を強調する。「祭政一致」は明治新政府が掲げたスローガンの一つであり、それ自体は玄道の独創ではないが、ここで注意すべきは、「天神地祇ノ御祭祀」とあるように、「天神」、すなわち「三柱ノ大御神」「伊邪那岐・伊邪那美神」「伊勢両大神宮」といった天つ神と並んで、「地祇」、すなわち「杵築大神及手間大神」をはじめとする国つ神が祭祀の対象となっていることである。(44)さらに玄道によれば、天皇は王政復古に際して、「親王・諸公卿・大夫・諸国守」を率いて、「天地ノ諸神祇」の前で「盟約」を立て、「諸万姓」に致るまでその趣旨を広く伝えるものとされていたが、そこでは天皇による祭祀が、オホクニヌシの主宰する「幽冥界」からの「御恩頼」に対する感謝としての意味をもたされていたのである。(45)

玄道の祭祀に対する見方は、同じく祭祀を重視した後期水戸学のそれとは全く異なっている。例えば会沢正志斎の『新論』では、「天子の天神地祇を祭り、その天祖を敬祭するは、天に報い祖を尊ぶ所以なり」（天皇が天つ神や国つ神を祭り、アマテラスを謹んで祭るのは、天に報い先祖を尊ぶためである）[46]とあるように、天皇が行う祭祀の対象はもっぱら「天祖」、すなわちアマテラスとされており、もとより「幽冥界」に関する言及は何もなかったからである。

では、岩倉をはじめとする明治新政府の指導者たちは、篤胤神学の本質に固執する玄道の政治綱領を、実際に受け入れたのであろうか。彼らが「祭政一致ノ制度ニ復シ神祇官ヲ再興シ諸家執奏配下ヲ廃シ諸神社神主等神祇官ニ附属セシムルヲ命ズ」（祭政一致の制度に戻し、神祇官を再興し、〈江戸時代までの吉田家や白川家のような〉天皇にとりついで奏上する特定の人々を排除し、神社や神主をすべて神祇官に付属させることを命ずる）（一八六八〈慶応四〉年陰暦三月の布告[47]）と述べたときの「祭政一致」とは、果たして玄道が『献芹詹語』で強調した「祭政一致」と同じものであったのであろうか――。こうした問題については、次章で詳しく見ることにしたい。

注

（1）森銑三「佐藤信淵」（『森銑三著作集』第九巻、中央公論社、一九七一年所収）三三四頁によれば、信淵は自ら一七六七（明和四）年に生まれたとも書いているという。しかしここでは、通説に従って一七六九年生まれとした。

（2）『佐藤信淵武学集』上巻（岩波書店、一九四二年）一八七、一八八、一九三、一九五頁を参照。

(3)　国別に分けた篤胤の生前の門人数としては、最も多い。
(4)　宮負定雄は一八三一（天保二）年に著した『国益本論』の中で、「男と生れて男根の備り在る上は、男女の情を通じ、子孫を産み継ぎ、世に人民を殖せとの、神の命令を奉りたる印にして、坊主になれとの事にはあらず。天地の神明産火神も、人の体に不用の一物を産みつけ給ふべきものかは。必用に立てよとの、神の御心なる故に、彼一物が自然の如く附て生るゝなり」（『日本思想大系五一　国学運動の思想』、岩波書店、一九七一年所収、二九五頁）と述べている。
(5)　『日本思想大系五〇　平田篤胤、伴信友、大国隆正』（岩波書店、一九七三年）四七〇～四七一頁。
(6)　同、四五一頁。
(7)　同、四五一～四五二頁。
(8)　松島弘『大国隆正と津和野藩の教学』（津和野町立図書館蔵。一九八七年）四～五頁を参照。
(9)　大国隆正『球上一覧』下（『国学院大学日本文化研究所紀要』第六五輯、一九九〇年所収）一八五頁。
(10)　『誠勤徳顕録』（黒住教日新社、一九八四年）一五二頁。仮名遣いが現代風に改められている。
(11)　同。
(12)　同、一六七頁。
(13)　同、一〇六頁。
(14)　同、一五三～一五四頁。
(15)　大国隆正「浦上問題につき意見書」（前掲『日本近代思想大系五　宗教と国家』所収）六頁。
(16)　是香の生年に関しては、一七九八（寛政十）年とする説（向日市編さん委員会編『向日市史』下巻、京都府向日市、一九八五年など）と、一八〇六（文化三）年とする説（『日本思想大系五一　国学運動の思想』、岩波書店、一九七一年など）があるが、ここでは前者に従った。
(17)　山田孝雄『平田篤胤』（宝文館、一九四二年）一五一頁。

(18) 渡辺金造『平田篤胤研究』（一九四二年）八七三頁。
(19) 同、八七四頁。
(20) 中川一生他編『矢野玄道先生没百周年記念誌』（矢野玄道没百周年記念事業実行委員会、一九八七年）一三三頁。
(21) 矢野太郎『愛媛県先哲偉人叢書第一巻　矢野玄道』（愛媛県教育会、一九三三年）五〇頁。
(22) 樋口清之『伊予大洲の古代文化』（梁瀬奉賛会、一九三〇年）七六〜七七頁。
(23) 同、八一、八九頁。
(24) 『顕幽順考論』（中島博光、大宮兵馬編『神道叢書』第三巻、神宮教院、一八九六年所収）二之巻、五頁。
(25) 同、五之巻、一三頁。
(26) 同、三四頁。
(27) 同、三六頁。
(28) 前掲『日本思想大系五一　国学運動の思想』二二七頁。なお『産須那社古伝抄広義』によれば、「産須那」に「産土」の字をあてたのは、儒者の「心得誤《ひが》め」から起こったことであって、間違いとされる（神二十七、二三三）。
(29) 前掲『顕幽順考論』二之巻、二〇頁。
(30) 同、三六頁。
(31) 三輪和平「六人部是香の幽冥観に関する一考察」（『神道史研究』第三九巻第二号、一九九一年所収）によれば、このような是香の「天国地獄説」には、浄土教、とりわけ『大無量寿経』からの思想的影響が見られるという。傾聴すべき見解であろう。
(32) 前掲『顕幽順考論』四之巻、四九〜五〇頁。このようなオホクニヌシによる天皇の審判を念頭においたものであろう、『神道叢書』の冒頭には「本書顕幽順考論は、今より見れば、不穏の説も、亦無きにあらず」という一文がある。
(33)『神典翼』第三巻（国民精神文化研究所、一九三八年）三九〇頁。
(34)同。
(35)『本教学柱』（大洲市立図書館蔵。原文は漢文）第三章、二六～二七頁。
(36)嘉永四年十二月五日付の玄道の父あての手紙の中で、玄道が是香を評した言葉。
(37)前掲『本教学柱』第四章、二七頁。
(38)『八十能隈手』（大洲市立図書館蔵。原文は漢文）二十丁表。
(39)『善悪報応論』（大倉精神文化研究所蔵）。丁や頁の印刷はない。この著作は、一八七二（明治五）年から七三年にかけて、後述する大教院が編集、発行したものであるが、西田長男『日本神道史研究』第一巻（講談社、一九七八年）三一八～三一九頁や、村岡典嗣『続日本思想史研究』（岩波書店、一九三九年）三四三頁が説明するように、それはもっぱらこの時期に書かれた玄道の著作によっており、彼の手によるものと見なすことも可能である。
(40)前掲『日本思想大系五一　国学運動の思想』五五四頁。
(41)同、五四八頁。
(42)同、五四九、五五〇頁。
(43)同、五四八頁。
(44)同、五五〇～五五一頁。
(45)同、五四八、五五七～五五八頁を参照。
(46)前掲『日本思想大系五三　水戸学』一四七頁。
(47)前掲『日本近代思想大系五　宗教と国家』四二五頁。

五　明治初期の神学論争

1　「津和野派」と神道国教化構想

「津和野派」の官職独占

一八六七（慶応三）年陰暦十月の大政奉還に続き、新政府は古代の神祇官《じんぎかん》を再興する方針を打ち出したが、それは翌年、暫定的に設置された「神祇事務科」を経て、陰暦二月に設置された「神祇事務局」に結実することになった。「事務局」というのは、当時の官庁のことである。神祇行政を扱う神祇事務局は、当時七つあった事務局の最高位とされ、「督」「輔」「判事」「権判事」という四つの職がおかれた。「祭政一致」を標榜する新政府の理念は、ここに実現される運びとなったわけである。そして『献芹詹語』を著した矢野玄道は、篤胤の養子の平田鉄胤とともに、神祇事務局の判事に任命されることになった。

では、玄道の主張する「祭政一致」は、新政府に受け入れられたのであろうか。そうではなかった。なぜなら彼は、神祇事務局判事としての職務を満足に果たすことができないまま、任命からわずか一ヵ月後にこの職を解かれ、内務行政を扱う「内国事務局」の権判事、次いで国学を研究する「皇学所」の御用掛へと左遷されているからである。銕胤もまた玄道と同じ処遇を受けており、結局彼らの神学は、実際には一度も日の目を見ることなく維新の表舞台から姿を消しているのである。

　復古神道家の中で、一貫して神祇事務局の主要ポストを占めていたのは、大国隆正を中心とする津和野出身の人々であった。津和野藩主で、隆正の指導を受けてきた亀《かめ》井《い》茲監《これみ》（一八二四・文政七～一八八五・明治十八）や、同じく隆正の門人であった福《ふく》羽《ば》美静《よししず》（一八三一・天保二～一九〇七・明治四十）が、この中に含まれる。武田《たけだ》秀章《ひであき》氏は「近代天皇祭祀形成過程の一考察」（『日本型政教関係の誕生』、第一書房、一九八七年所収）の中で、これらの人々を、玄道や銕胤を中心とする「平田派」とは区別して、「津和野派」と呼ぶことを提唱しているが（八六頁）、本書でも以下、この「津和野派」という名称を用いることにする。

　前章で述べたように、隆正は当時、神道を「家伝流」「本居流」「平田流」「臆説流」の四つに分け、自らの神道を「備前ノ黒住流」とともに、「本居流、平田流ニモヨリ不申自己ノ見識ヲタテ候神道」である「臆説流」に入れていたが、このことは彼がもはや主観的にも、自らを平田派の人とは見なしていなかったことを示している。津和野派は、玄道や鉄胤が依拠する篤胤神学が、実は「宇宙第一ノ宝典」を改竄したドグマにすぎないとして痛烈に批判する一方、長州（現在の山口県）との地理的なつながりを利用して、維新政府をして彼らの思想の正統性を認めさせるよう、岩倉や木戸《きど》孝允《たかよし》（一八三三・天保四〜一八七七・明治十）に積極的に働きかけていた。

一八六九（明治二）年陰暦七月、官制の大改革が行われ、神祇事務局は廃止されるとともに、大宝令の古制にもとづき、「神祇官」が文字どおり再興された。津和野派は、一八七〇（明治三）年から七一年にかけて、この神祇官で官職を独占するようになり、その反対に平田派は、官員削減を理由に次々と罷免されていった。一八七一（明治四）年陰暦三月に、玄道が「御不審ノ筋有之」として岡山藩邸に謹慎を命じられたことは、平田派がついに、官職からも完全に締め出されたことを象徴的に示す事件であった。(1) 津和野派の新政府への働きかけは、成功に終わったわけである。

福羽美静と「神祇省の基本的方針」

この成功を受けて、「神祇大輔」という神社行政の最高責任者に昇りつめたのが福羽である。七一年陰暦八月の大国隆正の死後、津和野派の実質的なリーダーとなっていた福羽は、その翌月、神祇官から改組された「神祇省」の下で、このポストに就くことになる。そして福羽とともに神祇官の実権を握っていた山口出身の小野《おの》述信《じゅつしん》（一八二四・文政七～一九一〇・明治四十三）や伊勢出身の浦田《うらた》長民《ながたみ》（一八四〇・天保十一～一八九三・明治二十六）らと連名して、「神祇省の基本的方針」を岩倉や大久保《おおくぼ》利通《としみち》（一八三〇・天保元～一八七八・明治十一）に向けて宣言するのである。

そこには、隆正の神学をほうふつとさせる、次のような文章が綴られていた。

人之生ル、所以、生レテ活動スル所以、死シテ魂魄ノ安スル所以、幽冥ヨリ出テ、幽冥ニ帰スル、終始誰ノ功績ゾヤ。則《すなわち》天照皇大神ノ恩顧ナリ。此天照皇大神ハ高天原ヲ知シメス主宰ニシテ、天地間造化ヲ掌リ玉フ神ナレバ、此ノ神ヲ敬崇シテ其恩ヲ不思ハ親ヲ忘ル、モ同様也。其天照大神ハ親ク今上天皇ノ遠祖神ナレバ、今上天皇ハ即チ此世ノ現《あき》ツ神ニテ、天照大神ノ御寄ニシテ此顕《うつ》シ世界ノ蒼生ヲ治メ賜ヘバ、主上ノ御恩ハ、天照皇大神ノ御恩モ同様ニ奉仰ベキナリ。

（人が生まれるゆえんや、生まれて活動するゆえん、死んでから霊魂と身体が平安になるゆえん、幽冥界から出生して幽冥界に帰ってゆくこと、これらはすべて、誰の功績であろうか。すなわちアマテラスのおかげなのである。このアマテラスは高天原をお治めになる主宰神であり、天地の間の造化を管掌なさる神であるので、この神を崇敬してその恩を感じないのは、親を忘れるも同然である。そのアマテラスは、いまの天皇〈明治天皇〉の遠い祖先に当たる神であるので、いまの天皇は取りも直さずこの世の現人神であり、アマテラスのおかげでこの目に見える世界の人々をお治めになるので、天皇の御恩は、アマテラスの御恩と同じものとして、謹んで仰がなければならない(2)

アマテラスは幽冥主宰神であるのみならず、「造化」の機能をも有している。そしてアマテラスを「遠祖神」とする天皇は、「此世ノ現ツ神」であり、その「御恩」はアマテラスと同じものである、というのである。

まさにこれは、戦後になって折口信夫が厳しく批判することになる、「天子即神論」であり(3)、津和野派の神道国教化構想を具体化したものであった。この神学は、アマテラスを「日輪中の幽界」の主宰神とした隆正の神学にもとづきながらも、オオクニヌシはもちろん、造化三神もいっさい登場しないという点でそれとは異なっており、はるかに一神教に近い内容をもっていた。

「薩摩派」の進出

だが当時、神道家の中でも、西郷隆盛《さいごうたかもり》（一八二七・文政十〜一八七七・明治十）の周辺に集まる薩摩出身の人々は、アマテラスではなく造化三神こそを「開元造化の主神」と考えていたため、津和野派の構想には反対であった。歌人で皇室事務を扱う「宮内省」に務めていた八田知紀《はつたとものり》（一七九九・寛政十一〜一八七三・明治六）や、太政官の構成機関として設置された「左院」で、「中議官」という地位にあった伊地知《いじち》正治《まさはる》（一八二八・文政十一〜一八八六・明治十九）が、この中には含まれる。阪本是《さかもとこれ》丸《まる》氏は、「日本型政教関係の形成過程」（前掲『日本型政教関係の誕生』に所収）の中で、彼らが津和野派とも平田派とも異なる構想をもっていたことを示唆しているが（二六頁以下）、本書でも阪本氏の指摘に従い、以下、彼らを「薩摩派」と呼ぶことにする。

一八七二（明治五）年陰暦三月、神道国教化を目指した神祇省が廃止され、新たに仏教勢力をも取り込んだ国民教化運動に乗り出すべく、「教部省」がおかれることになった。薩摩派はこの教部省に進出するとともに、神祇省から引き続いて「教部大輔」という地位にとどまった福羽を、陰暦五月の人事で解任し、十二月までに津和野派を政府から一掃して実権を握り、彼らの神道国教化構想を完全に瓦解させたのであった。

しかしいずれにせよ、政府高官の中に、篤胤神学の本質に固執する平田派の名は見当たらない。島崎藤村《しまざきとうそん》（一八七二～一九四三）が長編小説『夜明け前』（一九二九年から三五年まで執筆）で、自らの父である島崎正樹《まさき》（一八三一・天保二～一八八六・明治十九）をモデルとして描いた主人公、青山半蔵のたどった運命は、この事実に照らし合わせたとき、まことに象徴的である。『夜明け前』が戦後の歴史学に与えた影響には無視することのできないものがあり、一例を挙げるならば、芳賀登《はがのぼる》氏による『日本思想史の基礎知識』（有斐閣、一九七四年）の解説でも、「平田派」は一八七一（明治四）年を境に没落したとされている（四七四頁）。

果たしてこれは、正しい見方といえるであろうか。一八七二（明治五）年陰暦一月に出雲大社の大宮司に任ぜられ、第八十代の出雲国造となった千家尊福《せんげたかとみ》（一八四五・弘化二～一九一八・大正七）という一人の人物の足跡を追うことで、その問いに対する解答が得られよう。

2　千家尊福と祭神論争

教部省への請願

ここでもう一度、出雲大社に立ち返ってみよう。二章で述べたように、晩年の宣長と千家俊信との交流は、出雲の地に「幽冥」という思想を持ち込むことになったが、第七十八代国造千家尊孫《たかひこ》（一七九四・寛政六～一八七三・明治六）、第七十九代国造千家尊澄《たかずみ》（一八〇〇・寛政十二～一八七八・明治十一）の時代は、篤胤神学が次第に地方に浸透し、出雲大社の関係者の中にも新たな門人を生み出していったにもかかわらず、それに呼応して俊信の顕幽論をさらに発展させていこうとする動きは見られなかった。王政復古に伴う津和野派の中央への進出に対しても、出雲は沈黙を保ち続けた。

その動きに変化が見られるようになるのは、一八七二（明治五）年陰暦六月に、出雲大社の大宮司であった千家尊福が、教部省から全体の半分に当たる一府二港三十六県の教化運動を統括する「神道西部管長」に任命されてからである。尊福は、同年十一月に大社で火継式を行い、まだ生きていた実父の尊澄を継いで、第八十代国造となった。だが、彼が沈黙を破り、社会的活動を開始したとき、すでに中央の政府高官の中に矢野玄道や平田銕胤の姿はなく、平田派は歴史の表舞台から完全に一掃されていたのである。

このような状況のもとで、尊福は同年陰暦八月、教部省に対し、その前年の太政官布告で全国の神社の社格が定められた際に、愛知県の熱田神宮や大阪府の住吉大社などと同様に「官幣大社」（宮内省から幣帛《へいはく》を供進された大社）とされた出雲大社について、伊勢神宮と同じく、官社の上に列せられるよう請願書を提出する。その中で彼は、次のように述べている。

（出雲）大神幽冥ノ大権ヲ執テ此国ニ祝祭スル神霊及（ヒ）幽界ニ帰向スル人魂ヲ統括シ玉フハ、天皇ノ顕界ノ政柄ヲ執テ億兆ヲ統（御）シ玉フニ異ナラズ。

（オホクニヌシが幽冥の大権を握り、この国土に祭っている霊魂や、幽冥界に帰ってきた人の霊魂を統括なさるのは、天皇が顕界の政治を行って万民を統治なさるのと違わない）

如此《かくのごとく》幽冥ノ大権ヲ執玉フ上ハ、神霊人魂悉《ことごと》ク大神ノ統治シ玉フ所ナレバ、諸神社ノ総宰モ亦出雲大社ナルベキ事、更ニ贅論スルヲ待タズ。

（このようにオホクニヌシが幽冥の大権をお取りになるからには、神の霊魂も人の霊魂も、みなオホクニヌシが統治なさるわけであるから、すべての神社を総括するのもまた出雲大社であるべきなのは、議論するまでもないことである）[4]

こうして尊福は、「顕」を天皇の、「幽」をオホクニヌシの統治領域とする顕幽論を展開するとともに、出雲大社が幽冥界の首府であり、「諸神社ノ総宰」であることを明確に主張したのであった。

このような彼の幽冥思想は、千家俊信の顕幽論はもちろん、篤胤のそれをも受け継ぐものであり、とりわけ当時相次いで出版された二種類の著作を根拠としていた。その一つは、前章でも取り上げた『真木柱』『予美国考証《よみのくにこうしょう》』『八十能隈手《やそのくまで》』など、一八七〇（明治三）年から七二（明治五）年にかけて次々に出版された矢野玄道の幽冥論である。[5] いま一つは、一八七〇年陰暦五月ごろ、玄道の友人で、平田派の一人でもあった秋山光條《あきやまてるえ》（一八四三・天保十四～一九〇二・明治三十五）が著したとされる『神魂大旨《しんこんたいし》』である。[6]

『神魂大旨』は、「顕世にてハ天皇朝廷の御治めをうけ、幽にしてハ大国主神の糺判をうけて皆其御賞罰に預る事なり、かく顕世にてハ所々に政庁ありて朝憲を分掌し、幽にてハ産土神ありて幽政を分掌し玉ふことなり」(顕世では天皇の支配下にあり、幽冥界ではオホクニヌシの審判を受けてみなその賞罰を受けるのである。こうして顕世では所々に役所があって天皇の政治を分担し、幽冥界ではウブスナの神がいて幽冥の政治を分担なさっているのである)とあるように、六人部是香の『産須那社古伝抄』の影響を濃厚に受けていた。[7] 平田篤胤―六人部是香―矢野玄道と続いてきた、オホクニヌシを幽冥主宰神とする〈出雲〉神学の系譜は、千家尊福の登場により、断絶を免れたのである。[8]

ところが尊福の請願は、教部省によりたちまち却下される。当時、教部省内では、既に述べたように、造化三神を重視する薩摩派がしだいに優勢を占めつつあり、オホクニヌシの「神徳」については全く問題となっていなかったからである。こうした薩摩派の優勢は、一八七三(明治六)年一月、芝増上寺を神殿として教部省の教化機関である「大教院《だいきょういん》」が開院した際に、その祭神をアメノミナカヌシ、タカミムスビ、カミムスビの造化三神とアマテラスとし、アマテラスを造化三神の下位に序したことによってもうかがえよう。大教院にならって全国各地に設けられた「中教院」や「小教院」においても、同じようにこの四神が祭神として祀られた。

これに対して尊福は、大・中・小教院にオホクニヌシを合祀するよう、教部省に再三働きかける一方、江戸時代に西日本を中心に広がっていた、出雲大社に参詣する同行者により組織される団体である「出雲講」などを基盤にして、七三年一月、「出雲大社敬神講」（後の出雲大社教会）という組織を結成する。(9)そして、オホクニヌシを幽冥主宰神として仰ぐ信徒を新たに獲得して、この組織の下に吸収すべく、旧出雲国内はもちろん、歴代の国造としては古代以来初めて、出雲国の外にも広く出向いて、オホクニヌシの神徳を訴える巡教活動に積極的に乗り出してゆくのである。

尊福の巡教

二章でも述べたように、出雲の国造は、京の御所に事実上の幽閉状態にあった幕末までの天皇とは異なり、江戸時代でも大社と神魂神社や熊野神社との間を往復することが何度かあったため、その存在は当時から、出雲国に住む人々にとってなじみ深いものであった。国造は地面に直接足をつけてはならず、常に神火を携行し、その火でたかれた飯以外は食べてはならないとされるなど、厳しい戒律を保ち続けたが、それは国造が、幕末までの天皇のように、大社の境内から外に出ることができないことを意味するわけではなかった。後に述べるラフカディオ・ハーン（一八五〇〜一九〇四）は、同じく神の子孫とされる天皇と国造の権威の違いについて、次のような興味深い指摘をしている。

「ミカド」にささげられる尊敬は、一個の人物に対してというより、むしろ一個の夢に対して、――実在に対してというより、一個の名に対してささげられる尊敬である。なぜかというと、「天子様」は、姿の見えない神のように、つねに目に見えず、一般国民の信念としては、誰でもその龍顔を拝したら、生きてはいられないとまで思われていたくらいのものなのだから。この目に見えないことと、神秘であるということが、「ミカド」の神秘伝説を無限に強めているのであるが、ところがそれに反して、出雲の国造の方は、多くの人間の目にちゃんと見えていたのだし、郷民のあいだをしばしば来往もしていたのである。それでいながら、なおかつ、「天子様」に等しい尊信をうけていたのだ。（「日本瞥見記」[10]）

厳密にいえば、明治初期に行われた天皇の巡幸では、天皇は訪問した県庁や学校、病院などではもちろん、沿道に集まった人々の前でも、しばしば顔を見せていたことが知られており、「つねに目に見え」なかったわけではないが、天皇の権威が見えないことによって保たれてきたのに対して、出雲の国造は人々の目にふれながら、なおかつ同じような権威を保ってきたとするハーンの指摘は、大筋では正しく、重要な点をついているように思われる。

それでも、先に述べたような国造に課せられた厳しい戒律は、国造が大社の外に自由に移動することを妨げる障害になっていた。千家尊福は、巡教活動を行うに当たり、まずこの戒律を撤廃して、地面の上を直接歩いたり、大社の祭事のときを除いて神火以外で炊いた飯を食べることなどを教部省に認めさせることにより、移動の不自由を完全に取り除いた。そして、巡幸中でも一般の人々の前で言葉を発することのなかった天皇とは異なり、尊福は出雲講が多く点在する中国、四国地方を回りながら、人々に向かって自らの思想を直接語りかけてゆくのである。

一八七三（明治六）年二月、尊福は大社からほど近い島根県平田町の宇美神社で、四日間にわたり布教活動を行った。この初めての巡教に集まった聴衆の数は、約五千名であった。[11] 次いで松江の末次（現・須衛都久）神社でも説教したが、このときには約一万五千名の聴衆が集まり、「惜カナ講堂狭隘《きょうあい》ニシテ節角《せっかく》参集ノ人モ聴聞スル席無ク、空シク帰レルモノ」も千人以上いたといわれている。[12] 尊福が旧出雲国内の各地で、「生き神」として熱狂的歓迎を受けていた様子が、これらの記録からうかがえよう。

だが、出雲国造の権威は、旧出雲国内でのみ通用したわけではなかった。中国、四国地方を中心とする西日本一帯の広い地域で、その権威は、ハーンの指摘する通り、天皇のそれに匹敵するほどのものであったのである。一八七三年に旧出雲国内の巡教を終えた尊福は、公務のため、教部省や後に述べる神道事務局のあった東京と出雲の間を往復する一方で、その翌年の七四年には旧石見国（現在の島根県西部）や旧美作国（現在の岡山県北部）を、七六（明治九）年には旧伊予国、讃岐国（現在の香川県）、安芸国（現在の広島県西部）を、七七（明治十）年には再び旧出雲国をはじめ、旧伯耆国、因幡国（いずれも現在の鳥取県）などの山陰地方一帯を、そして七九（明治十二）年から八〇（明治十三）年にかけては再び旧美作国や伯耆国内を巡教しており、各地で同じように「神」として迎えられている。[13] 例えば、一八七六年九月に旧伊予国内を巡教したときの人々の反応は、次のようなものであった。

愛媛県下伊予国松山なる大社教会所開業式執行の為、大教正千家尊福さんが出雲国より立越されし途中、同県下野間郡浜村に一泊せられし時、近郷近在の農民等が国造様の御来臨と聞伝へて、旅宿に群集せし老幼男女数百人にて、大教正の神拝さるゝため一寸座られる新薦を、群集の者ども打寄って摑み合って持行くもあれば又這入られし風呂の湯は、銘々徳利に入れて一滴も残さぬ程なり。

（『東京曙新聞』一八七六年十月十八日）

このような、国造が座った薦や入った風呂の湯を人々が争うようにして持ち帰る光景は、明治初期の天皇の巡幸のときに各地で見られた人々の反応と驚くほど酷似している。しかも尊福が巡教した地域は、天皇が巡幸しなかった地域に当たっていた。人々は、初めて見る「生き神」の姿に驚嘆し、オホクニヌシの神徳を訴える尊福の主張に熱心に耳を傾けた。この中から、尊福の主張に共鳴する「出雲派」と呼ばれる人々が出てくるのである。

神道事務局の成立

さて、話を一八七三年の一月に戻そう。既に述べたように尊福は、大教院などの祭神にオホクニヌシを合祀するよう、教部省に対して働きかけていたが、その働きかけは、やがて一部功を奏した。同省は、合祀の件については相変わらず認めなかったものの、翌二月には、大教院としても「古典ニ所見アリ、先達ノ論定モアリテ無疑事」[15]として、オホクニヌシが幽冥主宰神であることを肯定せざるを得ないという状況に追い込まれたからである。津和野派の大国隆正のような思想的指導者がなく、佐藤信淵や鈴木雅之のように、「幽冥」との関係において造化三神の主神たるゆえんを明らかにすることができなかった薩摩派は、ここにその弱点を鋭く突かれることになった。

さらに、薩摩派の政治的影響力を決定的に失墜させたのは、七三年十月の太政官政府内の「分裂」と、それに伴う西郷の参議辞職という事件であった。仏教、とりわけ真宗勢力と結びついた木戸孝允や伊藤博文《いとうひろぶみ》（一八四一・天保十二〜一九〇九・明治四十二）ら、長州系の開明官僚が、薩摩派の神道一辺倒の教部行政に対して不快感を抱いていたことが、その背景としてあげられよう。ここで真宗勢力の中心となっていたのは、長州出身で、一八七二年から七三年にかけて、西洋諸国の宗教事情をくまなく視察してきた島地《しまじ》黙雷《もくらい》（一八三八・天保九〜一九一一・明治四十四）であった。

黙雷は帰国後、仏教勢力の布教の自由を取り戻すべく、積極的に活動を開始する。そして、「芝増上寺仏殿ヲ改メテ」「之ニ祭ルニ四神ヲ以テシ、注連《しめ》ヲ飾リ、華表《かひよう》（鳥居——筆者注）ヲ起シ、幣帛ヲ捧ゲ、祝詞ヲ奏シ、二百余年伝灯ノ仏刹忽然変ジテ一大神祠トナル」大教院を、「宛然《えんぜん》タル（さながら——筆者注）一大滑稽場ニシテ、毫モ（少しも——筆者注）布教ノ場ニ似ザル」として、痛烈に批判するのである。[15] こうした黙雷の指導のもと、真宗西派（西本願寺。現・浄土真宗本願寺派）、真宗東派

（東本願寺。現・真宗大谷派）、真宗高田派（専修寺）、真宗仏光寺派（仏光寺）のいわゆる真宗四派は、一八七五（明治八）年二月に、大教院を正式に離脱する。同年五月には大教院そのものが解散を余儀なくされ、十一月には教部省が神道、仏教それぞれの管長に対して、「信教の自由」を保障する旨の口達を出すことになるのである。

千家尊福にとって、このような事態の変化は、まさに好機到来を意味していたはずであった。なぜなら、この段階でようやく、中央においても、政治権力とは一応切り離された次元で、神道の教義に関する自由な論争が展開できる可能性が生じてきたからであり、津和野派や薩摩派のように、バックに有力な政治家をもたない尊福を中心とする出雲派も、それに対等の立場で参加できる資格を与えられたからであった。

しかし、大教院に代わる国民教化のための半公的な中央機関として、七五年三月に設立された「神道事務局」は、あくまで「神宮（伊勢神宮のこと――筆者注）ヲ以テ神道ノ根本トナシ」「神宮祭主ヲ以テ総裁トシ、勅奏教正之ヲ輔ケ、神宮一切ノ教務ヲ管理ス」ることを目的としていたため[16]、相変わらず祭神を造化三神とアマテラスとし、オホクニヌシをそこから除外していた。当時、伊勢神宮では、旧薩摩派に属する田中頼庸《たなかよりつね》（一八三六・天保七～一八九七・明治三十）が大宮司を、旧津和野派の流れをくむ浦田長民が少宮司を務め、実務面を前者が、教義面を後者がそれぞれ代表するという体制がとられていた。この両者を中心とする「伊勢派」と呼ばれる人々が、以後、神道事務局の運営を事実上支えてゆくことになる。

浦田長民の『大道本義』

七五年十二月、教化政策を担当する「教導職」に任命されていた幹部クラスの神官が一堂に会する神道会議が、田中頼庸を議長として神道事務局で開かれた。この席で尊福は、『神魂要旨』などを引用しながら、再びオホクニヌシの表名合祀を提議した。これに対して頼庸が強く反対したため、尊福の提議はまたも受け入れられなかったものの、その「立論討議スル所、皆古義古典ヲ放棄シテ造化主ノ名ニヨリ新規ノ一宗教トナサントス」(『本局改正日誌』)とあるように[17]、頼庸の主張は薩摩派以来の神話解釈の根拠を欠いたものにすぎず、伊勢派の教義面での弱さを図らずも露呈する結果となった。

　この弱点を克服すべく、浦田長民は一八七六(明治九)年八月、伊勢派の教義を集大成した『大道本義』を神宮教院から刊行する。それによれば、天祖であるアマテラスが顕幽両界を主宰する「天地大主宰」であることは、「天照大神は、惟《た》だ祖惟《た》だ宗にして、尊きこと二つとなし。自余の諸神は、乃《すなは》ち子乃《すなは》ち臣にして、孰《だ》れか能《よ》く敢《あへ》て抗《あらが》はん」と述べた斎部広成《いんべのひろなり》（生没年不明）の『古語拾遺』に明らかである。一方スサノヲは、イザナキの勅命を拒否した「負譴者」であり、オホクニヌシは「国土を経営するの功有りと雖も、負譴者の子」である。したがって尊福がいうように、オホクニヌシを「下土の真主」とすることはできない。「若し果《はた》して爾《しか》らば、則ち天孫の降るは、これその国を奪へるなり。天下豈《あ》にこの理有らんや」（もしオホクニヌシが地上の支配者であるならば、ニニギノミコトが降臨したのは、その国土を奪い取ったことになる。どうしてこのようなことがあり得ようか）[18]。

長民によれば、「天祖の勅」がないオホクニヌシの国作りは、ただスサノヲの「汝は大国主神と為さん」という一言から始められたものであり、イザナキの心に発しているものではなかった。それゆえにオホクニヌシは、「宜しく速やかにその国を避くべき者」なのである[19]。こうした神話解釈は、会沢や藤田東湖ら、後期水戸学者のそれを彷彿とさせよう。

他方で長民は、大国隆正の影響を受けながら、独自の幽冥観を披瀝している。すなわち彼は、出雲大社が幽冥界の「総管」に関わっていることをいったんは認めるものの、「然るにこれ特だ《た》幽界の一小廷なるのみ」とし、続いてこう述べたのである。

かの幽界の大廷の若《ごと》きは則ち二有り。第一大廷は高天原たり。天原則ち大虚内無数の地球の幽界を統轄す。我が一地球の幽界のみに止まらざるなり。第二大廷は根底国たり。素尊と枅尊倶に此に居てその政を掌す。刑を無数なる地球の罪魂に施す。罪固より差等有り。刑また差等有り。それこれを処置するは、一に天原の勅に遵ふ。故に底国また天原の統轄に属す。所謂天祖天地を主宰するは、これを以てするなり。

(幽界の大廷は二つある。第一の大廷は高天原である。天原、つまり宇宙の中に無数にある惑星の幽界を統轄している。我々のいる地球の幽界だけにとどまるわけではない。第二の大廷は根底国である。スサノヲとイザナミがいずれもここにおり、その政治を受け持っている。刑罰を無数にある惑星の罪を犯した霊魂に施している。その罪にはもとより程度の差があるから、刑罰にも程度の差がある。それらを処置するときは、ひとえに高天原の勅命に従う。したがって根底国もまた、高天原の統轄に属している。天祖アマテラスが天地を主宰しているというのは、このことをいうのである)[20]

ここでは、「根底国」はもちろん、大国隆正においてはなおオホクニヌシの統治領域とされていた「地球の幽界」をも、アマテラスが主宰するとされ、前に述べた「幽界の一小廷」が具体的にどこを指すのかは、明らかにされていない。つまり『大道本義』とは、隆正や福羽美静ら、津和野派の神学を継承しながらも、出雲派に抗して、幽冥主宰神としてのアマテラスの地位をよりいっそう鮮明にするための著作であったことがわかろう。

だが、伊勢派のこうした教義は、当然に出雲派の激しい反発を招くことになる。その一人、千家尊福の秘書役であった佐々木幸見（生没年不明）によれば、オホクニヌシを長民のように、「負譴者の子、真主たるべからざると説く」ことは、「何ぞ神を蔑視するの甚しき、何ぞ神典を読むの疎なる」というべきであり、「抑大己貴命の主とますは、天祖の勅なしと雖ども、素尊の命ありて真主たるの理を了解する」（そもそもオホクニヌシが支配者であるのは、アマテラスの勅命がないとはいえ、スサノヲの勅命があって真の支配者であることの理由を了解する）ことができる。また幽事を主宰する神は、無論アマテラスではなくオホクニヌシであり、「幽冥の大権は、天神の委托し玉ふ所にして専掌し玉ふ所」（幽冥の大権は、タカミムスビがオホクニヌシに委託されたものであり、オホクニヌシがもっぱら受け持たれるもの）である。[21] このような佐々木の主張は、一八七八（明治十一）年に相次いで神道事務局に出された、尊福のオホクニヌシの合祀に関する提議にも継承されていった。

本居豊穎と「神道事務局保護之檄」

伊勢派は尊福の提議をいずれも斥けたものの、その教義が出雲派からの攻勢にさらされたことは、従来伊勢派の影響力が強かった神道事務局の内部にすら、さまざまな異論を呼び起こした。一八八〇(明治十三)年に入り、神道事務局の神宮遥拝所が新築されたことに伴い、再びその祭神にオホクニヌシを加えるべきか否かが問題になると、宣長のひ孫で、東京府分局に務めていた本居豊穎《とよかい》(一八三四・天保五~一九一三・大正二)のように、尊福らを支持し、伊勢派に公然と反旗を翻す人物も現れるようになった。

田中頼庸らがオホクニヌシの合祀を認めそうにない情勢を見て取った本居豊穎は、「神道事務局保護之檄」と題する檄文を書き、全国の神官に配布した。その中で彼は、「大国主神ヲ祭ルニ足ラズトスルハ、是幽契ヲ廃セントスルナリ」(22)と述べて、オホクニヌシと「幽」との不可分の関係を、改めて強調したのである。この檄文の反響の大きさは、神道事務局や一八七七(明治十)年の教部省廃止後に設立された内務省社寺局に対して、合祀に関する投書を寄せた人々の数が、十三万人を超えたという事実によく示されている。(23)　神道事務局の祭神をめぐる伊勢派と出雲派の対立抗争は、これを機に全国的規模に発展したと見ることができよう。

神道事務局の機関紙である『開知新聞』や『事務局神殿祭神ノ件報告回答綴』などによれば、尊福や豊頴を支持した出雲派は、尊福が巡教活動を繰り広げてきた西日本一帯、とりわけ島根県や鳥取県に多く、出雲大社教会を母体にしていることもあり、数では伊勢神宮に依拠する伊勢派に勝っていた。彼らは、『纂疏』や『古史伝』などをふんだんに引用しながら、幽冥主宰神としてのオホクニヌシの神徳を強調し、その合祀を要求しただけではない。このときひそかに書かれた尊福の『神道要章』には、次のような注目すべき文句が見えているのである。

斯土に生ずる万物は、素より大国主大神の経営の国土に生ずる者にして、縦従《たとひ》天日の煦照《くせう》を受るも、土地を離るゝ時は生化すべからざるを弁ふべし。苟《いやしく》も草木の毛不毛の土地の沃瘦に因るを以ても、国土経営の御高徳を仰ぐべし。況んや我身を顧みれば、筋骨毛髪血肉等一切地気を以て成らざる無く、之を養ふも亦地気に因て生ずる物にあらざる無く、死後又其身体の土に化する等を以ても、地気は我身を成すの本なるは明なり。然れば此土に生を稟《うく》る者は、大地官《おほとこのつかさ》とます大国主大神の恩顧に因るにあらざれば、天神の高徳をも蒙る能はざる所以を明かにして、天神を敬崇するにも先地恩の切なるを感銘欽謝すべし。

（この国土に生ずる万物は、もとよりオホクニヌシのお作りになった国土に生じたものであり、たとえ太陽の光を受けても、土地を離れては生ずることができないことを知るべきである。いやしくも草木が生えるのも生えないのも、土地が肥えているか痩せているかによるということからも、オホクニヌシが国作りされた高い徳を仰がなくてはならない。ましてや我が身を顧みれば、筋骨毛髪血肉など、すべて大地の精気によって成らないものはなく、これらを養うのもまた、大地の精気によらないものはなく、死後にまた身体が土となることなどからも、大地の精気は我々の身体を作る根本であることは明らかである。したがってこの国土に生を受けた者は、大地の支配者であられるオホクニヌシのおかげによらなければ、天つ神の高い徳を受けることができないゆえんを明らかにして、天つ神を崇敬するにしても、まず大地の恩が大切であることを謹んで感謝しなければならない(24)）

このようにして尊福は、わかりやすい言葉で、信徒に対してアマテラスよりもオホクニヌシをまず第一に崇敬しなければならないことを主張した。そして一八八〇（明治十三）年九月には、彼らの主張を認めない神道事務局から、出雲派を別派独立させることまで考えるようになるのである。

「国体」に反する出雲派

では伊勢派は、出雲派のこうした動きをどのように見ていたであろうか。彼らはおおむね、尊福らの説に対して、あたかも時を同じくして高揚しつつあった自由民権運動と同じく、「皇威ヲ軽ジ、臣威ヲ増スノ媒《なかだち》」（尊福「教信徒への示諭書」[25]）となる不穏な思想を読み取っていた。例えば当時、伊勢神宮で少宮司に次ぐ「禰宜《ねぎ》」の地位にあり、『神道要章《しんとうようしょう》』に反駁して『神道要章弁』を著した落合直亮《おちあいなおあき》（一八二七・文政十～一八九四・明治二十七）は、尊福の主張は「天皇ノ霊魂ト雖モ大国主神ノ賞罰ヲ受給フトカ云《いへ》リトノ巷説」をあおっており、「吾国体ヲ乱ル者」にほかならないとした[26]。また福島県田村郡富沢村の教導職であった飛田《ひだ》昭規《あきのり》（？～一八九四・明治二十七）も、「夫レ大国主神ハ全国鎮座ノ諸神ヲ統轄シ、人ノ霊魂ヲ賞罰スルト云フ千家教正ノ説ヲ主張スル時ハ、尤モ国体上ニ大関係アリテ、民権家ノ説ニ類似ス、前途甚ダ不都合ヲ醸成セン[27]」として、尊福の思想の危険性を強調している。

そればかりではない。祭神論争は当時、一般の新聞でもしばしば取り上げられていたが、そこではやはり、この論争を民権運動と結び付けようとする伊勢派の主張と見間違えるような記事が掲載された。例えば、『朝野新聞』一八八〇年七月二十日の雑録「明カナル哉神慮」には、こうある。

若《も》シ今度ノ国会請願党ノ如キ者、万一天意ニ戻《もと》リ神慮ニ叶《かな》ハザレバ、天神豈之《あにこれ》ヲ宥《ゆる》サンヤ。必ズ宮門ニ立入ル前ニ、天雷一震シテ、八ツ裂キニモナル可《べ》キヲ信ズ。然ルニ其ノ事無キノミカ、漸々其ノ挙ヲ称賛スル者ノ神国内ニ多クナリ行クハ、蓋《けだ》シ大国主神様モ御喜ビ有テ、幽冥界ヨリ遥カニ出カシタ出カシタト仰セラル、故ナラン。（原文には読点なし）

さらに、一九二八（昭和三）年にこの論争を回顧した下田《しもだ》義照《よしてる》（一八五二・嘉永五〜一九二九・昭和四）によれば、当時は——伊勢派が流したのであろうが——次のような風説すら流布していたという。

出雲の神は曾《かつ》て上代に於て天孫系のために圧迫されて譲国したので、其の数千年来の宿怨を霽《はら》すために、今度出雲が立つたのである。それならばこそ出雲派直系の子孫たる千家、北島（千家と並ぶ出雲国造家のこと——筆者注）が皇室を凌ぐのであると云ふやうな議論も出て、其の点で千家を暗殺せんとする騒ぎもあつた。(28)

これらの記事や風説は、出雲派の主張を正確に理解した上でなされたものとは到底いいがたいが、当時の殺気立った雰囲気をよく伝えており、もうこれ以上「国体」に反する彼らの主張を放置しておくことはできないとする伊勢派の立場とも、見事に一致していることがわかる。

伊勢派に広がる動揺

しかし、たとえその類似性が云々されようとも、祭神論争は民権運動とは異なり、あくまで復古神道の系譜の延長線上に位置する神学上の論争であり、その中心的な主体は神官であった。そして、神官による神学上の論争である限り、伊勢派には決定的ともいえる弱点があったのである。それは、彼らには篤胤の『古史伝』に相当する「教典」がなかったということである。

大国隆正や福羽美静の著書も、浦田長民の『大道本義』も、すでに必読の古典となっていた宣長や篤胤の著作ほどの影響力を全国の神官に及ぼすことは、到底不可能であった。出雲派の攻勢に直面した伊勢派は、先のような政治的な批判を繰り返す一方で、『口訣』を引用して、「幽事ハ前文ニ神事トアルト同ジク、神事ハ神ヲ祭ルヲ指テ云フコト古来諸書皆然リ」(29)とし、「幽」の意味内容を〈祭祀〉に限定しようと努めるが、かえってそれは出雲派の反撃にあい、伊勢派をして一章で述べたような『口訣』の解釈の問題点を自覚させる結果にしかならなかった。伊勢派の焦りは、増してゆくばかりであった。

祭神論争がピークに達していた一八八〇(明治十三)年十月。この時点で、伊勢派がいかに苦境に立たされていたかは、彼らを代表して芳村正秉《よしむらまさもち》(一八三九・天保十〜一九一五・大正四)らが当時、内務卿であった松方正義《まつかたまさよし》(一八三五・天保六〜一九二四・大正十三)に対して、次のような文章を含んだ上申書を提出していたことからもわかる。

尊福一誣説ノ為ニ、従来信認スル天下公共ノ神理ヲ変ジ、自カラ欺キ数百方(万の誤りか——筆者注)ノ信徒ヲ欺キ、又従テ天神ヲ欺キ、何ノ面皮ヲ以テ宇宙ニ立ンヤ。加之《しかのみならず》信徒ヨリ幽冥主宰ノ神如何様ノ論定之レ有ルトモ、銘々従来聞得テ信認スル処ハ神明ニ誓テ違ハズト日々迫激セラレ、人民ニ実際ノ教導ヲ為ス者ハ実ニ進退維谷《しんたいこれきはまる》ノ秋ナリ。甲是乙非ト論議ヲ為シ、徒ラニ貴重ノ日月ヲ玩愒《ガンカイ》スル時ハ、各地ノ同職無舵ノ船ニ乗ジ大洋ニ浮ガ如ク、各自数年導ク所ノ教徒モ亦望洋ノ嘆ヲ抱クベク、従テ我ガ神教遂ニ墜地ニ至ル可シ。

(尊福一人の偽りの説のために、従来認められていた天下公共の神道を変え、自分を欺き数百万の信徒を欺き、またそのために天つ神を欺くならば、宇宙に顔を向けることがどうしてできようか。そればかりか、信徒から幽冥主宰神がオホクニヌシかどうかを論じて決めるように迫られて、〈伊勢派の〉教導職各自が従来から伝え、認めてきたことは神明に誓って間違っていないと日々苦しい弁明をさせられ、人民に実際の教導をしているいまのさまは、まさに「進退窮まる」というべきである。甲は是といい、乙は非といって論議し、いたずらに貴重な時間をもてあそんでいる。各地の教導職は、まるで舵のない船に乗って海に漂っているかのようであり、各自がこれまで導いてきた信徒もまた、進路を見失ってため息をついているかのようである。このままでは、我が神道はついに地に落ちることになるにちがいない[30])

「尊福一誣説」のために「我ガ神教遂ニ墜地ニ至ル可シ」――。この切迫した危機感の濃厚に漂う上申書は、従来伊勢派に加担していた全国各地の一般の神官の中にも、精神的な動揺が相当な範囲で広がっていたことを如実に示している。出雲派の主張に影響された彼らが、伊勢派の教導職に対して、日ごろから教えてきたことは本当に間違っていないのかと激しく詰め寄り、それに対して答えに窮する教導職の狼狽した表情までが、見えてくるようではないか。

勅裁による決着

こうして祭神論争は、混迷の度を加えながらも、出雲派に有利な状況のもとに展開されていった。この論争で出雲派を論破すべく、伊勢派に残された手段は、もはや一つしかないように見えた。すなわち、「顕」と「幽」という言葉が、『古事記』や『日本書紀』本文にはないことを理由に、それに固執する従来の議論を、「本居平田両家の作偏《さくよう》」(宣長や篤胤が悪例を作ったもの)(31)、「一家の考説」(宣長や篤胤が創作した奇説)(32)、あるいは「一時の言」(篤胤が一時的に言い出したこと)(33)として斥けるという手段である。それは、宣長の『古事記伝』十四之巻以来、国学者や神道家の間で一貫して共通の前提となってきた顕幽論が、実は序章で取り上げた津田左右吉のいうところの、「例外」規定に属していることの発見を意味した。顕幽論が消えた後の彼らの主張は、後期水戸学のそれに近くなるはずであった。

しかしながら、当時、この手段をとった伊勢派の人々は、中央では落合直亮、地方では袖浦長皖（生没年不明）、佐々木瑞城（同）などの一部の神官にすぎず、多数派にはならなかった。「信教の自由」が与えられている限り、祭神論争における出雲派の優勢は明らかであった。全国、とりわけ西日本の各地から澎湃《ほうはい》として沸いてくる〈出雲〉敬神の声、それは、平田派が一八七一（明治四）年を境に没落したのではないこと、平田派は千家尊福を中心とする「出雲派」として、なおも全国の神官を巻き込むほどの一大勢力を保っていたことを示している。当時東京にいて『古史伝』の続修に当たっていた矢野玄道をはじめ、島崎正樹、それに『夜明け前』で島崎とともにモデルになった角田《つのだ》忠行《ただゆき》（一八三四・天保五～一九一八・大正七）など、かつての神祇官や神祇省から締め出されていた平田派の人々が、出雲派に属していたことはいうまでもない。

民権運動という問題を抱えていた政府としても、これは由々しき問題であった。既に述べたように、伊勢派は一八八〇年十月、内務卿の松方正義に対して、祭神論争の決着を求める上申書を提出していたが、これを受ける形で同年末、山田《やまだ》顕義《あきよし》（一八四四・弘化元～一八九二・明治二十五）、大隈重信《おおくましげのぶ》（一八三八・天保九～一九二二・大正十一）、副島種臣《そえじまたねおみ》（一八二八・文政十一～一九〇五・明治三十八）の三参議が神道取調委員に任命されると、田中頼庸らは祭神の決定に関しては天皇の勅裁を仰ぐよう、山田らに働きかけた[34]。ここに至り伊勢派は、出雲派よりも権力に近い自己の立場を利用して、「信教の自由」を無効にする非常手段の発動により、一気に出雲派の勢力を封じようとしたのである。

彼らの説得工作は成功した。一八八一（明治十四）年二月、勅命により東京で全国の主な宮司や教導職を集めて「神道大会議」が開かれ、その終了を受けて太政大臣の三条実美《さんじょうさねとみ》（一八三七・天保八〜一八九一・明治二十四）は二月二十三日、次のような勅裁の内容を公表した。

宮中ニ被斎祭所ノ　神霊

天神地祇

賢所

歴代皇霊

（宮中で祭られる神霊は、天つ神、国つ神と、アマテラスの御霊代である神鏡、歴代天皇の御霊である）[35]

これは、伊勢派に属する常世《とこよ》長胤《ながたね》（一八三二・天保三〜一八八六・明治十九）が、後年になって「此勅裁ハ優劣ヲ附玉ハズ、公平ノ勅裁ナレド、神宮ハ祭神ノ賢所ト同キヲ以テ、凡勝ヲシメタリ」（この勅裁は優劣をおつけにならず、公平の勅裁ではあるが、アマテラスを祀る伊勢神宮は、祭神とされたアマテラスの御霊代のある賢所と同じことであるから、総じて勝ちをおさめたのである）(36)と顧みたように、出雲派の主張が公的に斥けられたことを意味していた。

〈伊勢〉による〈出雲〉の抹殺であった。

3　「国家神道」の完成

顕幽論の否認

祭神論争における出雲派の敗北は、顕幽論そのものが政府により正式に否認されたことを示していた。一八八二（明治十五）年に入ると、太政官はまず、神官が教導職を兼職することを禁止し、府県社以下の神社を除き、神官が葬儀に関与しないこととしたが、それは〈祭祀〉と〈宗教〉を分離し、公の神社神道を前者に限定して超宗教化、ないしは非宗教化するための第一歩であった。この結果、出雲大社教会は「神道大社派」として神道事務局から別派独立し、神社神道とは区別された民間の一宗教団体（これを「教派神道」という）へと〝凋落〟を余儀なくされた。さらに一八八四（明治十七）年には、半公的な教化機関としての神道事務局が廃止されるとともに、神道、仏教の教導職がいずれも全廃され、ここに教部省以来の国民教化政策の諸制度は、全く跡を絶ったのであった。

こうした一連の「国家神道[37]」化への動きは、「要スルニ神官ヲ以テ教導職トナシ、僧官ト伍列セシメタルハ、神道ノ本意ニモ非ズ、又政略ノ得策ニモ非ザルベシ。是レヲ廃スルハ今日ニ於テ当然トス[38]」と述べた井上毅《いのうえこわし》（一八四三・天保十四～一八九五・明治二十八）ら、政府のエタティストによるものであり、福沢諭吉《ふくざわゆきち》（一八三四・天保五～一九〇一・明治三十四）をはじめとする民間知識人も歓迎していた。福沢は一八八二年四月、『時事新報』紙上に「神官の職務」と題する小論を発表したが、神官の教導職兼職禁止については、「神道は今後宗旨（宗教のこと――筆者注）として認む可きものに非ざる」ことがようやく公的に承認されたための処置と解し、次のように述べた。

我輩は多年この義を論弁したることもありしが、今日実際に於て我持論の行はれたるを見るは欣喜に堪へず。我日本国の宗教は仏法にして、敬神の教を布くものは神道なり。二者判然として区別を見る可し。(39)

福沢自身も述べているように、神道を宗教とは認めない彼の主張は、このときに始まったものではない。彼は、「元来我国の宗旨は神仏両道なりと云ふ者あれども、神道は未だ宗旨の体を成さず(40)」とした一八七五（明治八）年の『文明論之概略《ぶんめいろんのがいりゃく》』以来、一貫してこの主張を繰り返してきており、その意味ではまさに「持論」の通りになったわけである。

また、一八八七（明治二十）年になると、在野の神道家の中からも、「国家神道」化を推進しようとする動きが本格的に出てくる。教派神道の一派に属する神道本局（神道事務局の後身）の西沢之助《にしざわのすけ》（生没年不明）のように、「吾国の元気たる神道を以て一種の宗教視し、敢て顧みざる」こと自体が、「国体を蔑如」することにつながるとして、(41)神道の非宗教化を下から積極的に進めようとする人物が現れるようになるのである。

なお、この同じ年には、井上毅が四章三十九条からなる憲法草案の初稿を伊藤博文のもとに提出している。その第一章第一条は、「日本帝国ハ万世一系ノ天皇ノ治ス所ナリ」となっていたが、この「しらす」という言葉は、国文学者で法制史家でもあった池辺《いけべ》義象《よしかた》（一八六一・文久元〜一九二三・大正十二）に語ったところによれば、「大国主命の国譲の故事[42]」、もっといえば、『古事記』のオホクニヌシの国譲りの記述に由来していた。「はじめに」でも述べたように、『古事記』ではオホクニヌシの支配を「うしはく」、ニニギの支配を「しらす」と表記していたが、第一条で天皇の支配を「うしはく」ではなく「しらす」とした理由について、井上は後年、次のように説明している。

うしはぐ《ママ》といふ詞は、本居氏の解釈に従へば、即ち領すといふことにして、欧羅巴人の「オキユパイト」と称へ、支那人の富有奄有と称へたる意義と全く同じ。こは一の土豪の所作にして、土地人民を我が私産として取入れたる大国主神のしわざを画いたるなるに、正統の皇孫として御国に照し臨み玉ふ大御業は、うしはぐ《ママ》にはあらずして、しらすと称へ給ひたり。

（『梧陰存稿』の「言霊」）

「うしはく」という言葉は、土地や人民を私有物として支配したオホクニヌシにこそふさわしい。天皇は「正統の皇孫」である以上、その支配は「しらす」と呼ばれなければならないというのである。だが、これはあくまで『古事記』に依拠した説明である。やはり「はじめに」で述べたように、「顕」と「幽」が出てくる『日本書紀』一書第二の同じ箇所では、オホクニヌシの支配に対しても、「しらす」という言葉が使われている。井上がそれを知らなかったのか、あるいはそれを知っていた上で、あえてこう説明したのかは明らかでないが、いずれにせよ、『日本書紀』一書第二が言及されることはもはやなく、オホクニヌシはひたすら、「土豪」と同一視されているのである(43)。

この「しらす」は、修正案では「統治ス」に改められ、大日本帝国憲法の第一条では「大日本帝国ハ万世一系ノ天皇之レヲ統治ス」とされた。それでも井上の説明は、伊藤博文がこの憲法を逐条解説した『憲法義解』（一八八九年）におおむね受け継がれ、公定解釈となっている。

「護国の神」としてのオホクニヌシ

こうした状況の下で、千家尊福がなおも顕幽論に固執していたことは、篤胤の『霊の真柱』にちなんで名付けられたとされる『国《くに》の真柱《みはしら》』（一八八九〜九〇年）に見ることができる。だがそこに展開された顕幽論は、いまや以前のそれではなくなっていた。なぜならそこでは、オホクニヌシが「幽事を掌」るようになったのは、「治国の大権を捨てても猶皇基の鞏固ならんことを希望」し、「守護せん」としたためとされ[44]、「幽」はただ一方的に「顕」に従属するにすぎなくなっているからである。彼がこの書物の冒頭で、「抑我国の国体ハ皇統一系万世に奉して国の主権ハ帝皇の掌握し玉へること建国の本体なり[45]」として、「国体」の尊厳を強調したゆえんである。

「幽」の意味内容に重大な変化が生じたという点からして、これを「転向」と呼ぶこともできよう。尊福が明治政府に忠誠を誓ったことは、なによりも彼自身の政治家への転身がよく示している。尊福は一八八八（明治二十一）年、伊藤博文の推挙もあって、政府部内の立法院である「元老院」の議官に任ぜられたが、その後貴族院議員、埼玉県知事、静岡県知事、東京府知事などの要職を歴任し、一九〇八（明治四十一）年には第一次西園寺内閣の司法大臣に就任した。この時期は、占領地に新たに建てられた台湾神社や樺太神社にオホクニヌシがスクナビコナとともに祀られ、この神が「幽冥主宰神」から、一八七九年に招魂社を改称して別格官幣社となる靖国神社の祭神と同様の、「護国の神」へと変質を遂げる時期に一致している[46]。

しかしこのことは、一八八〇年代以降の出雲大社と靖国神社が、同様の役割を担ったことを意味するわけではない。それどころか靖国神社は、出雲大社に入れ替わるようにして、神道が有していた宗教性を一手に引き受けるようになる。確かにここでいう宗教とは、主として国家のために戦死した軍人だけを対象とする点や、彼らを無条件に「神」とする点で、復古神道とは決定的に異なっていたが、「国家神道」が確立されてからも、靖国神社だけは例外的に宗教性を保ち続けるのである。大江《おおえ》志《し》乃夫《のぶ》氏は、「靖国神社が出雲大社に代わる国家神道の二大中心のひとつとしての地位を事実上維持しつづけることができたのは、靖国神社が陸・海軍の管轄下にあり、制度的には他の神社体系から独立した存在とされていたことによるものが大きいといえよう[47]」と説明している。

　千家尊福が貴族院議員となった一八九〇（明治二十三）年、一人の外国人が出雲大社を訪問した。ラフカディオ・ハーンである。ハーンは、すでにその前年の米国滞在中から、出雲に対する強い関心を抱き続けていたという。彼は来日後、宣長や篤胤の著書をかなり読んでいたように思われるが[48]、その理解の仕方が正確であったことは、死去直前に書かれた『神国日本』（一九〇四年）の次の一節にうかがえよう。

> 　天皇家の創始者を支持してその領国を譲り渡した大国主神は、「見えない国」――すなわち「霊の国」の支配者となったのである。この神の支配する幽冥の国に万人

の霊はその死後に赴くのである。それでこの神は氏神のすべてを支配することになるわけである。それだから、大国主神を「死者の帝王」と呼んでもよいことになろう。平田は言う、「われわれは最も望ましい事情の下で、百年以上の寿命を望むわけにはいかない。しかし死後は大国主神の『幽冥の世界』(49)に行って、彼に仕えるのだから、いまのうちにこの神前に額ずいて拝むことを習っておくがよい」と。

生前に誰にも見られることのなかったこの一節は、ハーンが実は、オホクニヌシを幽冥主宰神としてとらえることのできた、最後の出雲派であったことを示していないであろうか。

「通説」の成立へ

大正期以降になると、政府による国体イデオロギー確立の作業が進められるとともに、平田派ないし出雲派の思想が、後期水戸学と同様にその確立に貢献したと見なされるようになる。

例えば、一九二一（大正十）年に内務省神社局（社寺局から分離）が編纂した『国体論史』や、一九三七（昭和十二）年に文部省が編纂した『国体の本義』では、篤胤や玄道、尊福らの著作が、いずれも「我国体の尊厳を説きたるもの」（『国体論史』[50]）であり、「殆ど現今に於ける国体説と符合せせる」[51]（同）とされるなど、「国体」概念の形成に帰するところ大であったとされる一方、彼らが主張した「幽冥」の問題は、全く無視された。オホクニヌシの国譲りに言及する場合でも、その記述は次のようになっていた。

古事記・日本書紀によれば、皇孫が豊葦原の瑞穂の国に降り給ふに先立つて、鹿島、香取の二神を出雲に遣され、大国主神に神勅を伝へられたに対し、大国主神はその御子事代主神と共に、直ちに勅命を奉じて恭順し、国土を奉献し、政事より遠ざかれた。

（『国体の本義』[52]）

だがもちろん、ここでいう「日本書紀」とは『日本書紀』本文のことであり、『日本書紀』一書第二は周到に無視されている。

こうした公式見解は、篤胤の幽冥思想に着目しながらも、「天つ神が万事の主宰神として人の存亡禍福をもつかさどるといふことは、篤胤の独特な主張である」（『尊皇思想とその伝統』[53]）として、オホクニヌシへの言及を避けた戦中期（戦後ではない）

の和辻哲郎や、「後に国体論の基盤となったイデオロギーは幕末にはじめて出てきます。主な源泉としては、(中略)二つあります。一つが、(中略)平田派国学ですが、もう一つは後期水戸学です。(中略)この二つが合流して近代日本の国体概念の歴史的背景になったとみていいと思います[54]」と語った戦後の丸山眞男《まるやままさお》(一九一四~九六)によっても、基本的に変更を加えられることはなかった。そして今日、『国史大辞典』(吉川弘文館)の「国家神道」や「平田篤胤」の項(それぞれ柳川啓一、田原嗣郎両氏の執筆による)[55]に見られるように、依然として学界の「通説」としての位置を占めているのである。

注

(1) 前掲『矢野玄道先生没百周年記念誌』一五一頁。

(2) 「明治四年神文大外ノ四省ノ要件アリ」(国立国会図書館憲政資料室所蔵「大木喬任文書」所収)。

(3) 例えば折口は、一九四七(昭和二十二)年に書かれた「天子非即神論」(『折口信夫全集』第二十巻、中央公論社、一九七六年所収)の中で、「『天子即神論』が、太古からの信仰であつたかのやうに力説せられ出したのは、維新前後の国学者の主張であつた。勿論その国学者を指導した先輩たちの研究の中にも、さうした考へ方を誘ふやうな傾向がないわけではなかつた。だが、江戸時代の国学者から大正・昭和の同じ系統まで、素直に暢やかに成長して来たものではなかつた。明治維新の後先に、まるで一つの結び玉が出来たやうに、孤立的に大いに飛躍した学説の部分であつた」(六三頁)と述べている。ここでいう「維新前後の国学者」は福羽らを、「その国学者たちを指導した先輩たち」は主として大国隆正を指しているように思われる。

(4) 藤井貞文『明治国学発生史の研究』(吉川弘文館、一九七七年) 九頁。
(5) 森田康之助『日本思想の構造』(国書刊行会、一九八八年) 四六一〜四六二頁。
(6) 藤井貞文「宣教使に於ける教義確立の問題」(『神道学』五一号所収) 一三頁。『神魂大旨』の著者を秋山光條としたのは、羽賀祥二「神道国教制の形成」(『日本史研究』二六四号所収) 二〇頁による。
(7) 藤井貞文「史料紹介『神魂大旨』雑考」(『神道学』五五号所収)。
(8) 羽賀前掲論文、一七頁。
(9) 出雲大社教教学文化研究室編『御生誕百五十年記念　千家尊福公』(出雲大社教教務本庁・島根県簸川郡大社町、一九九四年) 三〇頁。
(10)『明治文学全集四八　小泉八雲集』(筑摩書房、一九七〇年) 七九頁。
(11)『初代管長五十年祭　千家尊福公』(島根県大社町、出雲大社教教務本庁内特立百年みかえし委員会、一九六八年) 七頁。
(12) 前掲『御生誕百五十年記念　千家尊福公』三一頁。
(13) 同、三二〜五一頁。なお松長直道「千家尊福の布教活動」(神道宗教学会一九九四年十月例会ペーパー) を参考にした。
(14) 前掲『明治国学発生史の研究』一五頁。
(15) 前掲『日本近代思想大系五　宗教と国家』二四四〜二四五頁。
(16) 前掲『明治国学発生史の研究』二〇頁。
(17) 前掲藤井「宣教師に於ける教義確立の問題」一三頁。
(18)『大道本義』(原文は漢文。国学院大学図書館所蔵) 上巻第五章。

(19) 同、上巻第八章。
(20) 同、下巻第一章。
(21) 前掲『日本近代思想大系五　宗教と国家』五六頁。
(22) 前掲『明治国学発生史の研究』一三九頁。
(23) 同、二五二頁、前掲西田『日本神道史研究』第一巻、三〇四頁。
(24) 千家尊福『神道要章』(無窮会図書館所蔵) 第五章。
(25) 前掲『日本近代思想大系五　宗教と国家』六〇頁。
(26) 落合直亮『神道要章弁』(無窮会図書館所蔵)。丁や頁の印刷はない。
(27) 前掲『明治国学発生史の研究』三五四頁。
(28) 下田義照「祭神論の起因と其結末」(『神道学雑誌』第四号所収) 一〇五頁。
(29) 久保季茲『幽冥主宰弁』(無窮会図書館蔵)。丁や頁の印刷はない。
(30) 芳村正秉・落合直澄ほか「神道祭神論両造当庭聴訟場御開設之儀上申」(内閣文庫所蔵『岩倉具視関係文書』所収)。
(31) 佐々木瑞城「四柱大神殿へ大国主神ヲ表名合祀スルハ不可ナル説」(『開知新聞』四一九号所収) 一〇五頁。
(32) 袖浦長鯢「開知新聞第四百十号ニ北総人枕香漁翁ト云人ノ常世氏ガ大国主神ノ事ヲ事務局ノ下問ニ答タルヲ弁ジタル僻言ニ答フ (続)」(『開知新聞』四二五号所収) 一〇二頁。
(33) 前掲『神道要章弁』。
(34) 山田や大隈が、個人的に伊勢派よりも出雲派の主張に好感をもっていたことに関しては、佐々木聖使「山田顕義と祭神論争」(『日本大学精神文化研究所・教育制度研究所紀要』第一五集、一九八四年所収) 九九頁を参照。なお大隈は後年、この事実を否定し、伊勢派の浦田長民に近い構想をもっていたことを述べているが、そこには政治的配慮が働いていたように思われる。松枝保二編『大隈重信叢書第三巻　大隈侯昔日譚』（早稲田大学出版部、一九六九年）一〇四〜一〇六頁を参照。

(35) 前掲『明治国学発生史の研究』七一〇頁、常世長胤「神教組織物語」（前掲『日本近代思想大系五　宗教と国家』所収）四〇三頁。

(36) 前掲常世「神教組織物語」四〇三頁。

(37) 阪本是丸氏も「近代の皇室祭儀と国家神道」（『国家と宗教の間』、日本教文社、一九八九年所収）で指摘するように、「国家神道」なる概念はきわめてあいまいなものである。ここでは一九〇〇（明治三十三）年に内務省社寺局が神社局と宗教局に分割された際に、神社局所轄となる神社神道を指すことにする。

(38) 前掲『日本近代思想大系五　宗教と国家』六九頁。

(39) 『福沢諭吉全集』第八巻（岩波書店、一九六九年）八〇〜八一頁。

(40) 『近代日本思想大系一　福沢諭吉集』（筑摩書房、一九七四年）一八九頁。

(41) 前掲『日本近代思想大系五　宗教と国家』七九頁。

(42) 稲田正次『明治憲法成立史』下巻（有斐閣、一九六二年）四九頁。

(43) 河野省三「しらすとうしはく」（『出雲』創刊号所収）一二頁を参照。

(44) 『国廼真柱』巻一（無窮会図書館所蔵）五四頁。

(45) 同、序文。

(46) 賀茂百樹編『靖国神社事歴大要』（国晃館、一九一一年）や靖国神社編『靖国神社誌』（靖国神社、一九一一年）では、出雲大社と靖国神社の祭神が、いずれも「皇室の御為には、進んで死し、死しては、則喜んで護国の神たらんとする美風を馴致し来りた」として、両社の性格の類似性を強調している。

(47) 大江志乃夫『靖国神社』（岩波新書、一九八四年）一一五頁。

(48) 現在、富山大学図書館が所蔵している生前のハーンの蔵書の中に、篤胤の著書はただ『古今妖魅考』を数えるのみであるが、彼が大社を訪れた翌日の一八九〇年九月十五日には、当時箱根に滞在していた友人のベイシル・ホール・チェンバレン（一八五〇〜一九三五）が、さっそくハーンに対して、自分のもっていた宣長や篤胤の著作を貸す旨の手紙を送っており、その後ハーンが松江中学の西田千太郎やチェンバレンにあてた手紙の中にも、「平田神道」「平田説」という言葉が見られる（『ラフカディオ・ハーン著作集』第十四巻、恒文社、一九八三年、二六九、三七三頁などを参照）。
(49) 『神国日本』（柏倉俊三訳、平凡社、一九七六年）一〇四頁。なおこの訳では、「幽冥の国」の「幽冥」に「よみ」と振り仮名がしてあるが、富山大学図書館が所蔵する原文のこの部分は「shadowy dominion」となっており、「見えない国」を意味している。誤訳であろう。
(50) 『国体論史』（内務省神社局、一九二一年）五三頁。
(51) 同、一四二頁。
(52) 『国体の本義』（文部省、一九三七年）六五頁。
(53) 『和辻哲郎全集』第十四巻（岩波書店、一九六二年）二九〇頁。
(54) 丸山眞男『「文明論之概略」を読む』上（岩波書店、一九八六年）一六三頁。
(55) 『国史大辞典』5（吉川弘文館、一九八五年）八八九頁、同11（同、一九九〇年）一〇六〇頁。

おわりに――〈出雲〉を継ぐもの

大本幹部の出雲大社参拝

一九〇一（明治三十四）年七月十二日のことであった。

ラフカディオ・ハーンが出雲大社を参拝してから、十一年が経っていた。しかしこの日に大社を訪れたのは、総勢十五名ほどの一行であった。老女を先頭とし、三十歳ぐらいの大柄な青年と、老女の娘と思われる若い女性をすぐその後に従えた一行は、七月一日に京都府の綾部《あやべ》を出発、徒歩と船で途中鳥取、松江を経由し、十一日かかってようやくこの大社にたどり着いた。彼らは拝殿で柏手を四回打ち、何事をか祈願をこめた後、大社から国造家に代々受け継がれてきた神火と、神に供える井戸の清水と、社殿床下の土をもらい受け、神火は檜皮製の火縄に点じて、それぞれ綾部に持ち帰った。

この一行こそ、後に「皇道大本」として世に広く知られるようになる大本教《おおもときょう》の幹部たちにほかならなかった。大本教は、京都府丹後地方に住んでいた出口《でぐち》なお（一八三六・天保七〜一九一八・大正七）が、一八九二（明治二十五）年二月に突然神がかり状態になり、「三千世界一度に開く梅の花、艮《うしとら》の金神《こんじん》の世になりたぞよ(1)」に始まる筆先を次々に書き表したことをもって開教した新興の宗派であり、当時はまだ教派神道としての公認も受けていなかった。しかしながら、開教してまもなく、この女性はある一人の思惑を秘めた青年との運命的な邂逅を果たすことになる。上田喜三郎《うえだきさぶろう》、後の出口王仁三郎《おにさぶろう》（一八七一〜一九四八）である。

喜三郎は、京都府園部で篤胤神学に詳しい岡田惟平《おかだこれひら》（生没年不明）について学んだ後、一八九八（明治三十一）年三月、京都府亀岡郊外の高熊山中腹の祠に一週間閉じこもって修行を続け、後に『霊界物語』として結実する着想を得たといわれている。その直後の同年四月には、静岡県清水に行き、御穂神社の宮司で、祭神論争の際には出雲派の側についた長沢雄楯《ながさわかつたて》（一八五八・安政五〜一九四〇・昭和十五）のもとで、「鎮魂帰神法」と呼ばれる霊を呼び起こす特殊な技術を修得する一方、篤胤の『霊の真柱』や『古史伝』などを集中的に読む機会を得た。彼の思想家としての足取りは、このときから始まったといってよい(2)。

同じ年の十月には、喜三郎は大本教の本部のあった綾部を訪れ、なおと会見した。すでに彼女は、陰暦六月九日の筆先で、「上田殿に手柄さすぞよ。結構な御用をさすぞよ。此人が直《なお》の真の力に成る御方であるぞよ。直よ、安心いたされよ(3)」と書いていたように、この人物が大本教で果たすことになる巨大な役割を見抜いていた。一九〇〇（明治三十三）年元日、なおの強力な後押しのもとで、喜三郎は彼女の三女、出口すみ子（一八八三〜一九五二）と結婚する。時に喜三郎二十九歳、すみ子十八歳であった。

冒頭に述べた「老女」がなおを、「青年」が喜三郎を、「若い女性」がすみ子を指すことは、もはや明らかであろう。彼らが出雲に来たのは、一九〇一（明治三十四）年陰暦三月七日に、なおが「出雲へ行て下されたら、出雲の御用を出来《しゅったい》さして、天も地も世界を平均《なら》すぞよ。（中略）世の立替は水の守護と火の守護とで致すぞよ(4)」という筆先を記したからであり、その目的は「火」にあった。二章で述べたように、大社の神火は、代々の国造が祖として崇めるアメノホヒの神代から受け継がれてきた、決して消えることのない〈出雲〉の象徴であった。それを彼らは、「神都」と仰ぐ綾部に持ち帰ったのである。このことは、大社に代わって綾部が、「八百万の神を集めて、世の立替えの本をはじめる所」となることを暗示していた(5)。

『道の栞』

一九〇四（明治三十七）年、喜三郎は「王仁三郎」と改名するが、このころから彼は、大社の本来の祭神であるオホクニヌシではなく、その親神に当たるスサノヲに関する神徳を徐々に述べてゆくことになる。前章に述べた通り、オホクニヌシは当時すでに、幽冥主宰神から護国の神へと変質しており、それを再び持ち出すことは、祭神論争における出雲派の敗退を繰り返すことになりかねなかった。篤胤の『古史伝』を読み、スサノヲとオホクニヌシがほぼ同一の神であることや、オホクニヌシがスサノヲの正統的な後継者であることを悟った王仁三郎は、オホクニヌシの地上での活躍をもスサノヲの功績に帰すことにより、かつての危険な神の名への言及を避けることができると考えたのであった。

宣長に対する篤胤の批判にもかかわらず、当時の知識人にとって、スサノヲは依然として悪しき神であった。例えば評論家の高山樗牛《たかやまちょぎゅう》（一八七一〜一九〇二）は、一八九九（明治三十二）年、『中央公論』に「古事記神代巻の神話及び歴史」という文章を掲載し、スサノヲがアマテラスに背いた「逆臣」であり、外敵であると主張した。また、日本で最初の神話学者といわれる高木《たかぎ》敏雄《としお》（一八七六〜一九二二）は、一九〇四年に著した『比較神話学』の中で、スサノヲを「暴風雨」に、アマテラスを「太陽」にたとえるとともに、アマテラスによるスサノヲの高天原追放を、「暴風雨」に対する「太陽」の勝利として正当化していた。

　王仁三郎は、こうした解釈に対抗すべく、同年に『道《みち》の栞《しおり》』と題する小文集を著した。それによれば、アマテラスは「表面はこの上なく優しくうるわしくみえつれども、御心の底ぞ健《たけ》くけわしくまします(6)」「厳《いず》の御《み》霊《たま》」であり、表面は女性だが、実は男性的な「変性男子《へんじょうなんし》」である。これに対して、スサノヲは「許々多久《ここたく》の罪を御身一人に引き受けて、御涙や血潮をもって贖いくだされた(7)」「瑞《みず》の御《み》霊《たま》」であり、表面は男性だが、実は女性的な「変性女子《へんじょうにょし》」である。高天原での「誓約《うけひ》」でスサノヲが勝ったのも、アマテラスよりもスサノヲの性格の方が優れていたことを証明しているというのが王仁三郎の解釈である。

　なお、「厳の御霊」という語は、「天照大御神は、伊邪那岐大神の、槻賢木、伊豆の御霊に生坐て」という『霊の真柱』の一節に由来していると思われるが、「瑞の御霊」は王仁三郎独自の言い回しであると思われる。彼によれば、「瑞の御霊」に万物の救済を任せたのは、アメノミナカヌシ、つまり天帝である。スサノヲは、天帝の命を受け、「うるはしき神の御国を、この地の上に立てんために」来たのであり、「世のなかの人々の罪科をたすけんために、天地へわが身を犠牲となし」たのである。したがって、「人あやまりて素盞嗚尊を罪人とするは畏れ多きこと」といわなければならない。(8)——以上のような神話解釈は、この神が地上での正統的な支配者の地位にあることを主張した『霊の真柱』を継承しながらも、スサノヲにその支配を依託した神をイザナキでなくアメノミナカヌシとしたり、ジェンダーの視点を導入した上、スサノヲに贖罪神としての性格を与えるという、新しい展開を見せている。

大正維新運動とその挫折

だが、ここではまだ、「幽冥」に当たる概念が登場していたわけではない。それが確立されるまでには、一九〇六(明治三十九)年から翌年にかけて、神道の研究教育機関であった「皇典講究所」の京都分所で学んだことに代表される、王仁三郎自身のさらなる神道思想の学習が必要であったのと同時に、大本教が「皇道大本」としてにわかに勢力を拡大し、多数の知識人や軍人の入信により次第に活発化してゆく「大正維新」運動とその挫折という、王仁三郎にとっては試練に満ちた長い時期をくぐり抜けなければならなかった。

大正期に入信した知識人には、次のような人々がいた。ラフカディオ・ハーンの弟子で、横須賀の海軍機関学校の英語教官を務め、英文学者としても有名であった浅野《あさの》和三郎《わさぶろう》（一八七四〜一九三七）。医学博士で、日本人による最初の飛行機を完成させた岸一太《きしいちた》（一八七四〜一九三七）。古神道の霊学者で、雑誌『東亜評論』の発刊者でもあった友清歓真《ともきよよしさね》（一八八八〜一九五二）。後に「生長《せいちょう》の家《いえ》」という大教団を起こすことになる谷口正治《たにぐちまさはる》（後に雅春。一八九三〜一九八五）。これらの人々にとって、大本の教典とはただ「神諭《しんゆ》」、すなわちなおの筆先だけであり、王仁三郎の著作ではなかった。

彼らは、筆先にしばしば登場する「神」の文字を「天照大御神」と置き換え、浅野ならば一九二一（大正十）年から二二（大正十一）年にかけて、また岸ならば一九一九（大正八）年から三七（大正二十六。当時はまだ、昭和が来ることはわかっていないため、こういういい方になる）年にかけて、なおのいう「世界の大洗濯、大掃除」「立替え立直し」が訪れ、その暁には世界は「天照大御神」の子孫である「日本天皇」を中心として一つにまとまるとする「大正維新」の奇跡を信じて疑わなかった。例えば浅野は、一九一七（大正六）年に著した『皇道大本概説』の中で、次のように述べている。

世界開闢以来類例なき世の立替といふ大事が既に眼前に接迫《ママ》して居るのである。神論を精読した人々は記憶して居るであらうが、大正十一年の春には、世界の現状が、根本的に打破されて仕舞つて居るのである。（傍点は原文）(9)
世界の独一主宰者たるべき我皇上は天照大御神の分霊であらせらるゝから、天照大御神は、我皇上に神懸りせられて、至大至重至尊至貴の御勅語を賜はり、又世界億兆の規範を御示しになる。御身は地上に在らせられて、御霊は宇宙一切の摂理に当り玉ふ。真正の意義に天子にあらせられ、其御職責の高大無辺なるは、筆《ママ》にも言葉にも尽されない。（傍点、強調は原文）(10)

浅野のこうした主張の背景には、アマテラスを「過去の時代に、高天原と称する或《ある》地方にお住居になつた御方」とする「皆陥る所の共通の欠陥」から解き放ち、「実を言ふと、天照大御神は最初から幽界の御方である」（傍点は原文）とする、かつての津和野派にも通じる顕幽論があった。(11)当時王仁三郎は、知識人としての浅野の名声に押されて、教義面での指導権を事実上彼に奪われており、彼らの筆先を根拠とする大正維新の主張に対しても、ただ一言「要するに何事も神界の経綸であつて、人心小智の論議すべき所ではありません」(12)として、不満を表明するだけにとどまっていた。

しかしもちろん、大正維新は実現されなかった。それどころか、一九一八（大正七）年にはなおが亡くなり、筆先はもはや書かれなくなった。一九二一年二月には、買収した大阪の『大正日日新聞』を通して、「世の立替」の到来を絶叫し続けたことが、新聞紙法違反と不敬罪に問われ、大本の幹部はいっせいに検挙されてしまった。世にいう「第一次大本事件」である。

これら一連の事態は、知識人らの信仰を動揺させるに十分であった。一九一九年に友清歓真が正式に大本を離れ、「格神会《かくしんかい》」（後の「神道天行居《しんどうてんこうきょ》」）を新たに設立したのに続き、一九二一年までには谷口正治や岸一太も綾部を去ってゆき、事実上大本の人ではなくなった。また王仁三郎とともに最高責任者として検挙された浅野も、保釈後にわかに活動を再開した王仁三郎と教義の解釈をめぐって鋭く対立し、やがて東京へ帰って心霊研究に専念すべく、「東京心霊科学協会」（後の「日本心霊科学協会」）を設立するのであった。

『霊界物語』の口述

こうして、大本の指導者としての地位を名実ともに確立した王仁三郎は、一審判決が出た直後の一九二一年十月から、いよいよ自己の神道思想を全面的に展開させた大著『霊界物語』（全八十一巻）の口述に乗り出すことになる。[13]「物語」という体裁をとってはいるものの、まぎれもなく、「もう一つの神話」であり、大本の教典である。口述期間は中断をはさんで一九三四（昭和九）年八月まで、口述された場所も、綾部のほか、愛媛県、鳥取県米子近郊の皆生《かいけ》温泉、静岡県伊豆地方の湯ケ島温泉、京都府丹後地方の天橋立など、合わせて十一ヵ所に及んでいる。そこはいずれも、出雲系神話の土着している地域であり、かの祭神論争で出雲派が多数を占めた地域とも一致していた。

『霊界物語』十一、十二巻では、スサノヲを贖罪神とする『道の栞』の解釈が受け継がれるとともに、この神を「父伊邪那岐大神より、大海原なる大地球の統治権を附与されて、天下に君臨し玉ふべき」(14)神とする、『霊の真柱』にそっくりな解釈がなされている。さらに王仁三郎は、こう述べている。

今日は天照大御神の三代の日子番能邇々芸命《ひこほのににぎのみこと》が、（中略）我皇室の御先祖となり其後万世一系に此国をお治めになつてあるのでありますが、それより以前に於きましては、古事記によりますると須佐之男命が此国を知召されたといふことは前の（伊邪那岐――筆者注）大神の神勅を見ても明白な事実であります。(15)

ここで「古事記によりますると」とあるのは、正しくは「日本書紀の一書（第六）によりまするとと」であるが、そのことはたいした問題ではない。問題なのは、ニニギよりも前にスサノヲの統治があったことを、王仁三郎が述べていることであり、その統治はイザナキから依託された正統的なものであったとしていることである。オホクニヌシの名こそ見えないものの、篤胤神学からの影響を濃厚にうかがわせる説明である。

ただし『霊界物語』では、必ずしもスサノヲ自身が主人公になっているわけではない。物語に主に登場するのは、スサノヲの分身とされる「宣伝使」たちであり、特にその後半に当たる三十九巻からは、彼らが『古史伝』におけるオホクニヌシとその子神さながら、地上でめざましい活躍を次々とあげ、「国作り」を一歩一歩完成させてゆく過程が描かれている。物語の舞台は日本だけでなく、インドから中央アジアにかけての大陸を中心とするアジア全土にわたっており、宣伝使が派遣されるまでは、邪神である「大黒主」を奉じる「バラモン教」や「ウラル教」の軍勢が地上を思うままに占領し、悪事の限りを尽くしていた。これに対して、宣伝使たちは「三五教《あなないきよう》」を奉じており、「ウブスナ山脈」の頂上にある「イソの神館」からアジア各地に派遣され、そこで邪教を奉じる将軍たちと華々しい「言霊戦」を演じ、ことごとく圧勝する。彼らはそのたびに、敵方の軍勢を「言向和《ことむけやわ》」し、「三五教」に改宗させる。こうして地上に跋扈していた邪神は、次々と宣伝使たちに平定され、現界には平和と正しい秩序がもたらされる。そして国作りの完成が、天上で彼らの活躍を見守っていたスサノヲに報告されることで、物語が終わるのである。

一方この物語では、王仁三郎のそれ以前の著作ではあまりふれられていなかった「幽冥」に相当する概念が、「霊界」として正面から論じられていることも注目される。「霊界」は基本的には死後の世界を意味するが、この世にありながら目に見えないもう一つの世界でもあり、ふとした拍子に生きた人間の霊魂が迷い込むこともある。また「霊界」は、仏教用語に由来し、霊魂が送られて審判を受ける「中有界《ちゆううかい》」と、天国を意味する「高天原」、そして地獄を意味する「根底の国」に分かれるのであるが、高天原はさらに、そのステージの高い方から「第一天国」「第二天国」「第三天国」の順に分かれている。

王仁三郎によれば、人は「霊界」に入ると、霊魂と肉体が分離するとともに、霊魂はいったん中有界に導かれる。中有界では、「現界」でのさまざまな行いが逐一審判され、それらを総合的に判断して、善人とされた場合には高天原（さらにその善行の度合いに応じて、第一、第二、第三天国のいずれか）へ、悪人とされた場合は根底の国へ送られる。先に述べた「バラモン教」や「ウラル教」の将軍は、中有界で悪事を逐一調べ上げられた上、回心を遂げるまで根底の国に滞在した例とされる。

他方で彼は、『霊界物語』四十七巻の中で、次のようにも述べている。

瑞の御霊の大神（スサノヲのこと――筆者注）は大国常立大神《おほくにとこたちのおほかみ》を初め日の大神（アマテラスのこと――筆者注）、月の大神（ツクヨミのこと――筆者注）其外一切の神権を一身にあつめて宇宙に神臨したまふのである。此大神は天上を統臨したまふと共に、中有界、現界、地獄をも統御したまふは当然の理である事を思はねばならぬ。[16]

つまりここでは、宣伝使の活躍する現界だけでなく、高天原、中有界、根底の国を含めた霊界全体が、スサノヲの支配下にあるとされているのである。霊界と現界の関係は、前者が主、後者が従であり、王仁三郎はこれを「霊主体従」という言葉で表現した。霊界のアマテラスや現界の天皇に対するスサノヲの優位は、ここに明らかであり、平田篤胤から六人部是香、矢野玄道を経て、千家尊福に受け継がれていった<出雲>の神学は、オホクニヌシをスサノヲに読み替えることによって見事に復活したのである。

第二次大本事件

しかし、この新しい〈出雲〉神学は、その全貌があらわになるにつれ、神道関係者、とりわけ友清歓真、岸一太など、大本出身の神道家の間に大きな波紋と強い反発を呼び起こしてゆくことになる。

例えば友清が一九二八（昭和三）年に講演した記録である『神道古義』には、アマテラスを「顕幽両界を貫通して三千世界へ光宣せられたる『神の王[17]』」とする記述が見られる一方、オホクニヌシを「当面に於ける幽界の主宰神」とする、大国隆正、浦田長民流の解釈が復活している[18]。さらに岸は同年、「平田先生の霊界からの指導によりて」と称し、東京に「明道会」という教団を設立し、翌年には『神道之批判』を著したが、ここで批判の対象となっている神道は主に出雲系の神道であり、その主張は友清をしてすら、「神界に居らるゝ本物の平田先生の何等関知さるゝことではないのでありますす[19]」といわしめるほど〈出雲〉への敵対感に満ちたものであった。その最たるは「大本教」で、「宗派神道の資格無し[20]」という一言のもとに切り捨てられている。だが彼は、それだけでも満足せず、明治政府が定めた官幣社や国幣社（国庫から幣帛を奉った神社）の中に出雲系の神々を祭る神社が多数含まれていることを理由に、新しく日本全国の氏神を一六八ヵ所定め、それらを真の日本人が参拝すべき神社として称揚したのである。もちろんその中には、出雲系の神社は一つも含まれていない(21)。

友清や岸など、神道内部の反対派によって、王仁三郎の思想が図らずも暴露されていったのは、昭和に入ってからのことであった。その危険性は、平田派（出雲派）の神学を完全に封じたはずの内務省にとっても、もはや見過ごすことのできないものとなっていた。

内務省では、警察行政を指揮する「警保局」が、王仁三郎の思想を「国体変革」を企てるものと断定、一九三五（昭和十）年十二月八日の早朝を期して、大本幹部の二度目の一斉検挙に乗り出した。いわゆる「第二次大本事件」である。綾部と亀岡にあった神殿はダイナマイトで爆破され、王仁三郎はすみ子とともに宍道湖畔に滞在していたところを検挙された。これを〈伊勢〉による〈出雲〉の二度目の抹殺と呼ぶこともできよう。

折口信夫の「神道教」

一方、「国家神道」が解体され、国民が「国体」の呪縛から解放された戦後になって、逆にそれまでの神道のあり方に深い反省を促し、神道をして一つの〈宗教〉たらしめることを唱え続けた学者が、一章でもふれた折口信夫であった。

折口によれば、「神道は宗教以外のものではない」(「神道の友人よ」。一九四七年[22])にもかかわらず、明治初期に「神道の道徳観」(「神道の新しい方向」。一九四九年)が定着してしまったために、神道は「宗教以外に出て行かう」(同)とし、「国家神道」が成立したのである。彼はその誤った歴史を、こう振り返っている。

われ〳〵の近い経験では——勿論われ〳〵は生れてゐない時代ですが——明治維新前後に、日本の教派神道といふものは、雲のごとく興つて参りました。どうしてあの時代に、教派神道が盛んに興つて来たかと申しますと、これは先に申しました潔癖なる道徳観が、邪魔をすることが出来なかつた。一旦誤られた潔癖なる神道観が、地を払うた為に、そこにむら〳〵と自由な神道の芽生えが現れて来たのです。たゞ此時に、本道の指導者と申しますか、本道の自覚者と申しますか、正しい教養を持つて、正しい立ち場を持つた祖述者が出て来て、その宗教化を進めて行つたら、どんなにいゝ幾流かの神道教が現れたかも知れないのです。たゞ残念なことに、さういふ事情に行かないうちに、ばたばたと維新の事業は解決ついてしまひま

した。(同)(23)

折口は、具体的な教団名こそ挙げていないが、明治初期に出てきた「教派神道」の中に、その後の「国家神道」とは全く異なった、すぐれた「神道教」が現れる可能性を見ていたことがわかる。「維新の事業」の解決がもう少し遅れていたら、という彼の筆致のうちに、(彼が意識したかは別として)あの勅裁で決まった祭神論争を想起することもできよう。

では折口のいう「神道教」の「神」とは、いかなる神を指しているのであろうか。「道徳の発生」(一九四九年)と題するエッセイで、彼はそれを、「産霊神でもなく、創造神と言ふより、寧《むしろ》、既存者」と呼んでいる。「既存者」とは、「至上神である所の元の神」(同)のことであるが、「必しも天をも地をも造つてゐるのでもない。寧、天地成つて後、出現してゐるやうに伝へてゐるものが多い」(同)という。さらには「恐らく天上から人間を見瞻《みや》り、悪に対して罰を降すこともあつたのであらうと思ふ。ところが、天御中主・高皇産霊・神皇産霊の神々には、さうした伝へが欠けてゐる」(同)とも述べている。(24)結局折口は、「既存者」に相当する神が、具体的にいかなる神であるかを明言することは避けているが、以上のような記述をまとめると、そこにはおのずからオホクニヌシの影が浮かんでくる。

ところで、折口のこうした神道に対する見方は、明らかに篤胤神学に通じるものがある。しばしば折口と比較されるもう一人の民俗学者、柳田國男は、三章で述べたように、篤胤神学に傾倒していた父の松岡操《まつおかみさお》（一八三二・天保三〜一八九六・明治二十九）や、国学者で柳田の師でもあった松浦辰男《まつうらたつお》（一八四四・弘化元〜一九〇九・明治四十二）から受けた思想的影響もあり、篤胤とよく似た幽冥観を一貫して保ち続けたが、明治末期以降になると、少なくとも著作の中では篤胤に対する批判が目立つようになる。[25] これに対して折口は、篤胤の評価が激変する戦中から戦後にかけて、篤胤にしばしば言及し、その積極的な評価を変えなかったという事実は、この問題を考える際に重要である。

すなわち彼によれば、「われわれの考へてゐる篤胤の国学といふものは、一部面だけで、全面ではない」（「平田国学の伝統」。一九四三年頃[26]）のであり、「篤胤は民間神道の研究に深い情熱と興味を持つて居られました。民間神道の研究からして、何か古神道の解釈に補充をつけて行きたい。さういふ風に考へて居られたに違ひありません」（「神道」。一九五一年[27]）という。折口が積極的に評価しようとしたのは、篤胤の思想自体もさることながら、民間伝承に近い資料も含め、『古事記』『日本書紀』以外のさまざまな資料を広く収集して、「古史」を作成するという彼の方法に対してであったことがわかろう。

同様に重要なのは、折口の墓が石川県羽咋《はくい》郡（現・羽咋市）の能登一の宮にあるという事実である。そこには、戦死した養子の藤井《ふじい》春洋《はるみ》の実家があったばかりではない。日本海を望むその地には、オホクニヌシを祭神とする気多《けた》大社があり、『出雲国風土記』の「国引き神話」に現れているように、古来〈出雲〉とは深いつながりを保ってきた。(28) 戦中から戦後にかけて、彼は何度も能登を訪れ、自らその地を永眠の場所と定めたことは、先に述べた神道宗教化に関する一連の考察とともに、当時の彼の〈出雲〉との何らかの関係を示唆してはいないであろうか。(29)

しかしながら、王仁三郎や折口のような例は、あくまで若干の例外にすぎない。戦後の神道界に君臨し、伊勢神宮を「本宗」として崇める神社本庁のある教科書では、王仁三郎の説は全く無視、戦後の折口の説は、篤胤の説とともに「異端」扱いになっている。(30)

〈出雲〉が〈伊勢〉と相対立する思想的機軸となり得た日は、すでに遠い過去のものとなった。そしていまはただ、宣長が「近世の附会」として斥けたはずの民間信仰が、家内安全やよき人との出会いを求める人々の足を、出雲へ、大社へと向かわせているのである。

注

（1）出口ナオ『大本神諭』天の巻（平凡社、一九七九年）三頁。『大本神諭』は、平仮名だけで書かれたなおの筆先を、王仁三郎が後に漢字・平仮名混じり文に直したものである。
（2）鈴木重道『本田親徳研究』（山雅房、一九七七年）五一三～五一四頁。なお、篤胤と王仁三郎の思想的関係については、鎌田東二『神界のフィールドワーク』（青弓社、一九八七年）二六一～二六二頁を参照。
（3）出口ナオ『大本神諭』火の巻（平凡社、一九七九年）六頁。
（4）前掲『大本神諭』天の巻、二三頁。
（5）大本七十年史編纂会編『大本七十年史』（宗教法人大本、一九六四年）二三一頁。
（6）大本教学資料編纂所編『道の栞』（天声社、一九八五年）一五八頁。
（7）同、一四四頁。
（8）同、五二、九一、二四八～二四九頁。
（9）浅野和邇三郎「皇道大本概説」（『神霊界』一九一七年九月号所収）。「浅野和邇三郎」とは、浅野のペンネームであり、「出口王仁三郎」を意識してつけられたと考えられる。なお、浅野や岸などに代表される当時の知的エリートによる大正維新の主張が、社会主義の革命思想がまだ日本に根を下ろさない一九一〇年代後半になされていることは、社会主義の神話が完全に崩壊した一九九〇年代になって、あたかも大正維新を想起させるかのようなオウム真理教のハルマゲドンの教えが、やはり知的エリートの間に急速に信奉されていったこととあいまって興味深い。
(10) 同（同、一九一七年十月号所収）。
(11) 浅野和邇三郎「国教を説く人々に」（『神霊界』一九一七年五月号所収）九頁。
(12) 出口王仁三郎「岸博士の皇道大本我観を読みて」（『神霊界』一九二〇年四月号所収）二三頁。
(13) 王仁三郎がこの口述に当たり、本名ではなく、「出口瑞月」というペンネームで語ったことは注意されてよい。なぜならそれは、『霊界物語』が端的にいって、「瑞の霊」であるスサノヲにしてツクヨミの物語にほかならないことを暗示しているからである。
(14) 『霊界物語』第十一巻（天声社、一九二二年）一八六頁。
(15) 同、第十二巻（同）三三九頁。なお、このような王仁三郎のスサノヲ観は、後に述べる第二次大本事件後の予審でも問題となった。一九三七（昭和十二）年十一月二十五日に記録された第二十七回訊問調書では、予審判事にこの引用部分の説明を求められた王仁三郎が、「地球ハ伊邪那岐尊ノ神勅ニ依リ素盞嗚尊之ヲ統治スベキモノデ、今日デハ日本ハ瓊々杵尊ノ御系統デアル現御皇室ニ於テ御統治セラレテ居ルガ、瓊々杵尊ノ御降臨以前ニハ素盞嗚尊ガ日本ヲ統治セラレテ居ラレタノデアルト云フ意味デ、現御皇室ガ日本ヲ統治セラレテ居ル事ハ伊邪那岐尊ノ神勅ニ反シテ居ルト言フ意味ヲ暗示シタモノデアリマス」（『治安維持法違反並不敬出口王仁三郎事件出口王仁三郎記録』、東京大学社会科学研究所図書館所蔵）と発言したという。ただし一九三八（昭和十三）年八月十日に記録された「京都地裁治安維持法違反並不敬事件公判速記録」では、彼はこの供述内容を、「向フガ勝手ニ書イテ行カレタノデス」として、全面的に否定している。
(16) 『霊界物語』第四十七巻（天声社、一九二四年）一六六頁。
(17) 『友清歓真全集』第三巻（八幡書店、一九八八年）一八一頁。
(18) 同、九五頁。

(19) 同、二九〇頁。
(20) 『神道之批判』（交蘭社、一九二九年）二二八頁。岸によれば、「大国主神は決して我大和民族の死後の霊魂の主宰はして居られない」（同、一九六頁）のであり、「出雲大社の神を以て人霊まで支配せらるゝ神としたのが、既に我国民の敬神思想の変化を起因せしめた処の一大原因になつて居る」（『氏神と八幡神』、同、一一三頁）という。
(21) 惟神会教務部編『教務必携』（惟神会、一九六五年）二六一～二七三頁。例えば第二部で取り上げる氷川神社の祭神は、スサノヲ、オホクニヌシなどの出雲系の神々であるため、明道会ではこれを氏神とはせず、それに代わる神社として、氷川神社よりも約四キロ南西にあり、一九一二（明治四十五）年に神社合祀にともない新たに作られた足立神社をあてている。
(22) 前掲『折口信夫全集』第二十巻、四三五頁。
(23) 同、四六四頁。
(24) 『折口信夫全集』第十五巻（中央公論社、一九七六年）。
(25) 例えば、一九一二年の「塚と森の話」では、柳田は「日本の神道の本来の面目は、本居、平田程の大きな学者でも、未だ十分に説明し尽して居らなかつた。此人々の学説に基いて成立して居る所の明治の神祇道も、随つて又大多数の平民の思想を適切に代表して居るものではない」と述べている。さらに一九一八（大正七）年の「神道私見」になると、「平田の神道」の誤りが大きく二点にわたって説明される。すなわちその一つは、「古書其他外部の材料を取つて現実の民間信仰を軽んじた点」、もっといえば、「日本紀の神代巻や古事記旧事記《ママ》などで民間の神様を説明しよう」とした点、いま一つは、「村々に於ける神に対する現実の思想を十分に代表しなかつたと云ふ点」である。こう説明した上で、柳田は「仮定と神代巻ばかりに基いた神道と云ふものには賛成することは出来ない」と言い切っている。
(26) 前掲『折口信夫全集』第二十巻、三四八頁。

(27) 同、一八九頁。
(28) 千家尊統『出雲大社』（学生社、一九六八年）一六二〜一六三頁。
(29) この点に関しては、原武史「能登・久留米・出雲」（『折口信夫全集』月報39、中央公論新社、二〇〇一年所収）を参照。
(30) 上田賢治『神道神学』（神社新報社、一九九〇年）八九〜九一、一七一〜一七三頁。同書は、神社本庁の定める「神職養成機関普通課程学習指導要領」に準拠して執筆された教科書である。

第二部　埼玉の謎

——ある歴史ストーリー

はじめに――個人的体験から

氷川神社との出会い

小学校の六年間を、埼玉県に境を接した東京都東久留米市（旧・北多摩郡久留米町）で過ごした。

私が住んでいたのは、滝山団地という都内でも有数のマンモス団地であった。もとは武蔵野の雑木林がどこまでも広がるだけの農村地帯であったが、一九六八（昭和四十三）年に団地ができるとともに、付近にスーパーや銀行、病院、学校などが次々と建てられ、新たに整備された片側二車線の道路には西武線や中央線の駅に向かうバスも走るようになって、にわかに東京近郊のベッドタウンへと変貌したのである。

この団地に引っ越してきた家庭の多くは、バスと電車で一時間あまりかけて都心に通う中流のサラリーマン家庭で、親の年代もほぼ同じであった。私の住んでいた団地の号棟だけでも、同級生の友人が何人もいた。私たちの遊び場は、団地と団地の間に巧妙に仕切られたいくつかの公園と決まっていた。コンクリートやアスファルトに塗り固められた人工的な空間で、私たちはさまざまな遊びを覚えていった。

いつも同じ空間で遊ぶことに退屈を感じ始めたある日、団地の外界には何があるのだろうかという好奇心から、友人たちと一緒に、自転車に乗って「探検」に出掛けたことがあった。舗装された道路は、通っていた第七小学校の裏側まで来ると、土煙を上げる農道に変わっており、ローム層がむきだしになった地肌からは、武蔵野特有の巨大なケヤキの木々が、澄んだ空を突き刺すようにしてあちこちに屹立していた。さらに行くと、黒目川という、荒川から分岐した小さな川が流れており、その向こうにある小高い丘に、こんもりとした森が見えた。神社の森だった。

私たちはみな、神社の醸し出す、ふだんの空間では感じられない不思議な雰囲気に引き込まれるようにして、その場所へと近づいていった。境内のところまで来ると、一人ひとり自転車を止め、鳥居をくぐり抜けて古ぼけた石段を昇った。しかしそのとき、鳥居の横に、「氷川神社」という文字が刻まれた石の標識が立っていたことを気に留めた者は、私のほかに誰もいなかったように思う。

境内は無人だった。社殿の中に人影はなく、朽ち果てているようにも見えた。夕刻、陽が秩父の山々に沈もうとするころ、広い境内を占領して缶蹴りや鬼ごっこに興じていた私たちは、あわてて自転車に乗り、もと来た道を引き返していった。振り返りながら見た神社の森は、そこだけがすっかり暗くなっており、子供心にも不気味な感じがした。やがて視界に電灯が現れ、見慣れた団地の風景が広がってくると、無事に帰って来れてよかったという気分になったものである。日常の空間とのあまりの落差が、このような大げさな気持ちを何の違和感もなく抱かせたのかもしれない。

氷川《ひかわ》神社という名称を口にするとき、私はいまも、自分の記憶の奥深くに眠るあの暗い空間のことを思い出さずにはいられない。この原体験ともいうべき東久留米市下里の氷川神社に見た闇の深さは、いまから思えば、オホクニヌシが治める「幽冥」につながる深さであったような気もする。なにしろそこは、ただ一つ残された、いにしえの武蔵（いまの東京都、埼玉県、それに神奈川県の一部を合わせた地域）の祭祀空間であるとともに、古代から棲み続ける出雲の神々が、人知れずひっそりとたたずむ〈異界〉であったのだから……。

氷川祭祀圏と大宮氷川神社

私が育った東久留米市や東村山市、それに足立区や練馬区など、埼玉県に境を接する東京都北部から埼玉県一帯にかけての地域に住んでいる人ならば、氷川神社という神社をどこかで見かけたことがあるはずである。稲荷、八幡、住吉、天神といった神

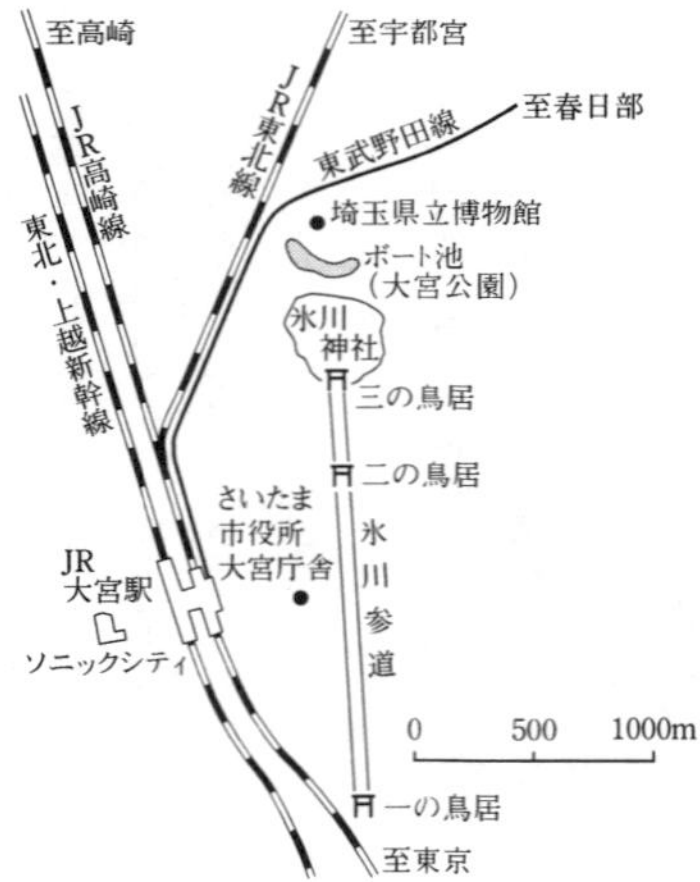

社が全国にくまなく分布しているのに対して、氷川神社はほぼ日本のこの地域にしかなく、独自の祭祀圏を形成している。

氷川神社の祭祀圏については、後述する氷川神社社家《しやけ》の西角井《にしつのい》家に生まれ、折口信夫の有力な弟子となった西角井正慶《まさよし》（一九〇〇～一九七一）が、一九五九（昭和三十四）年に綿密な調査を行っている。それによれば、氷川神社は東京都に五十九社、埼玉県に百六十二社を数えるのに対して、他の道府県には合わせて七社しかない。「大体は元荒川といふ、荒川（墨田川《ママ》）の古き河流を東の限界とし、西は多摩川を限界とした区域のみに多い神社である」（西角井正慶「祭祀圏の問題[1]」）。

その中でも最も大きな神社が、ＪＲ・東武大宮駅の東側の、さいたま市（旧・大宮市）高鼻にあり、古くから「武蔵国一の宮」として知られてきた氷川神社（他の氷川神社と区別するため、以下ではこの神社を大宮氷川神社と呼ぶ）である。地図を見るとわかるように、旧中山道から参道が約二キロにわたって伸び、その間に一の鳥居から三の鳥居まで、三つの大鳥居がそびえており、東日本でも有数の名社といってよい。そもそも「大宮」という地名からして、この神社の特別な大きさを物語るものである。それだけに人々の崇敬が厚く、交通の便にも恵まれていることから、一九八二（昭和五十七）年から毎年、正月三が日の初詣で人出のベストテン以内に入っている。

大宮氷川神社の由緒ははっきりしないが、徳川幕府が編纂した武蔵国の地誌である『新編武蔵風土記稿』によれば、「当社ハ、孝昭帝ノ御宇、勅願トシテ出雲国氷ノ川上ニ鎮座セル杵築大社ヲウツシ祀リシ故、氷川神社ノ神号ヲ賜ハレリ」[2]という。つまり伝承でいえば五代目に当たる孝昭天皇の時代に、いまの斐伊川の流域にあった出雲大社を勧請するとともに、斐伊《ひい》川にちなんで「氷川」の社号をつけたというのである。祭神は諸説あるが、例えば同神社社家の一つである角井《つのい》駿河《するが》（明治以降は東角井《ひがしつのい》）家の神主であった角井《つのい》安房《あわ》惟臣《ただおみ》（?〜一八三四・天保五）が天保年間に記した『氷川大宮縁起』では、スサノヲ、オホクニヌシ（オホナムチ）、クシイナダヒメの三神となっており[3]、『新編武蔵風土記稿』はオホクニヌシ一神をあげている。いずれにせよ、出雲系の神社であることは間違いない。なおこの祭神は、他の氷川神社も基本的に同じである。

氷川神社だけではない。埼玉県にはほかにも、オオクニヌシや出雲国造の祖神であるアメノホヒなどを祀る神社が多い。つまり埼玉とは、出雲の神々が多く鎮まり、祀られているところなのであり、その中心が大宮なのである。このことは、「祭政一致」をスローガンに掲げた明治維新の中から、どのようにして埼玉県が成立したのか、もっといえば、なぜ県庁所在地がこの由緒ある大宮ではなく、中山道の小さな宿場町にすぎなかった浦和となり、その後も浦和であり続けたのかという、いまなお謎の多い問題を考えるうえで、きわめて重要な事実であるように思われる。ここでは第一部「復古神道における〈出雲〉」を受け継ぐ形で、『埼玉県史』や『大宮市史』などには具体的に書かれていない、埼玉県に関する「もう一つの歴史ストーリー」を描き出すことにしたい。

1　出雲と武蔵

アメノホヒの子孫としての西角井家

なぜ埼玉県には氷川神社が多いのか。この謎を解明するためには、いったん歴史をさかのぼり、古代日本における出雲と武蔵のつながりを知る必要がある。古代の武蔵では、畿内の大和朝廷の勢力が浸透してくるのに先立って、出雲族が数多く進入したといわれている。

それをよく示唆するのが、記紀に登場するアメノホヒ（『古事記』では天菩比命《あめのほひのみこと》、『日本書紀』では天穂日命《あめのほひのみこと》）に関する記述である。『古事記』には、「天菩比命の子、建比《たけひ》良鳥命《らとりのみこと》」について、「此は出雲国造、无邪志《むざし》国造、上菟上《かみつうなかみ》国造、下菟上《しもつうなかみ》国造、伊《い》自牟《じむ》国造、津《つ》島県直《しまのあがたのあたへ》、遠江国造等が祖なり」という記述がある。また『日本書紀』神代巻には、「天穂日命」について、「此出雲臣・武蔵国造・土《は》師連《じのむらじ》等が遠祖なり」という記述がある。これらの記述から、記紀が編纂された八世紀当時、武蔵国の祭祀に携わっていたと思われる武蔵（『古事記』の表記では无邪志）国造の祖は、第一部でふれた出雲国造と同じく、アメノホヒであったことが知られるわけである。

この記紀の記述は、別の文書からも裏付けられる。例えば、平安時代に編纂された『先代旧《せんだいく》事《じ》本紀《ほんぎ》』に収録された「国造本紀」や、一八七一（明治四）年に氷川神社社家の一つである西角井家に属する西角井忠正《ただまさ》（生没年不明）が政府に提出した「武蔵国造系図」によれば、アメノホヒの十代後の子孫であった兄《え》多毛《たも》比命《ひのみこと》は、記紀伝承でいえば十二代目に当たる景行天皇の時代に、スサノヲを奉じて出雲から武蔵に移住するとともに、景行を継いだ成務天皇の時代になって、朝廷から正式に武蔵（无邪志）国造として認められ、すでに成立していた大宮氷川神社で「氷川之神之祭主トシテ」祭事を行ったとされている。こうして武蔵国は、完全に大和朝廷の勢力下に入ることになるわけであるが、『武蔵国一宮氷川神社書』に収録された「武蔵国造系図」に従って、アメノホヒ（天穂日命）から兄多毛比命までの代々の系図と、兄多毛比命以降、西角井忠正に至るまでの略系図を参考までに示すと、次のようになる。(4)

天穂日命 ┬ 天夷鳥命《あめのひなどりのみこと》 ┬ 伊佐我命《いさわのみこと》 ―（以下、出雲国造へ）
　　　　　│　　　　　　　　　　　　　└ 出雲建子命《いずもたけるのみこと》―神狭命《かむさのみこと》―身狭耳命《みさみみのみこと》―五十根彦命《いねひこのみこと》
　　　　　└ 伊努比売命《いぬひめのみこと》

―天速古命《あめのはやこのみこと》―天日古曾乃己呂命《あめのひこそのころのみこと》―忍兄多毛比命《おしえたもひのみこと》―若伊志治命《わかいしじのみこと》

┬兄多毛比命《えたもひのみこと》―（途中省略）―物部重臣―（四代省略）―西角井忠正
│　　　　　　　　　　　　　　　　　　　　┊
└乙多毛比命《おとたもひのみこと》　　　　　　（東角井福臣）

つまりこの系図によれば、大宮氷川神社社家の西角井家は、出雲国造の千家家と同じく、自らをアメノホヒの子孫としているのである。アメノホヒからつながる武蔵国造の家系は、国造制がすたれた後も連綿と大宮氷川神社に受け継がれ、ついに明治維新にまで至ったというわけである。この系図は、西角井正慶も「考証的に非常に綿密な系図」(「出雲と武蔵と」(5))と自負するように、古代を除けば、民間の系図としてはかなり信頼度が高い。そしてなによりも、出雲の神の末裔としての意識が、古代からはるか後の世にまで受け継がれ、明治時代になってもなお、「生き神」信仰が氏子の間に共有されていたことは注目されるべきである。この点については、また後述する。

古代～近世の氷川神社

話を古代武蔵に戻そう。全国の国造が地方官として大和朝廷の政治を分けもつ国造制の時代は、四世紀から七世紀まで続いた。当時武蔵国内には、すでに述べた无邪志国造のほかに、いまの多摩地方に中心があったと見られる胸刺《むなざし》国造と、いまの秩父地方に中心があったと見られる知々夫《ちちぶ》国造という二人の国造がおり、それぞれの地方を治めていたといわれている(ただし无邪志国造と胸刺国造は発音が同じで、同一のものという説もある)。だが七世紀までに、胸刺、知々夫が无邪志に吸収される形で武蔵国内の統合が進み、もともと无邪志の中心であった大宮氷川神社が国造祭祀の場となった。

旧武蔵国にあった主な氷川神社（創建年代不詳は除く）

現在の神社名	現在の所在地	創建年代
氷川神社	さいたま市（旧・大宮市）高鼻町	孝昭朝
中氷川神社	所沢市三ケ島	崇神朝
氷川女体神社	さいたま市（旧・浦和市）宮本	崇神朝
中氷川神社	所沢市山口	崇神、成務朝
中川氷川神社	さいたま市（旧・大宮市）中川	景行朝
奥氷川神社	奥多摩町氷川	景行朝
氷川神社	川越市宮下町	五四一（欽明即位二）年
氷川神社	小川町上古寺	六五九（斉明即位五）年
氷川神社	港区白金	飛鳥時代白鳳年間
氷川神社	世田谷区喜多見	七四〇（天平十二）年
氷川神社	飯能市中山	七八四（延暦三）年
氷川神社	さいたま市（旧・大宮市）島根	八一一（弘仁二）年
館ノ氷川神社	志木市柏町	平安時代
氷川八幡神社	鴻巣市箕田	九三三（承平三）年
川口神社	川口市金山町	平安時代天慶年間
氷川神社	港区元麻布	九四二（天慶五）年
氷川神社	港区赤坂	九五一（天暦五）年
氷川神社	上福岡市長宮	九九五（長徳元）年

氷川神社	中野区氷川町	一〇三〇（長元三）年
氷川神社	川越市仙波町	一〇六九（延久元）年
上ノ氷川神社	志木市上宗岡	一〇七八（承暦二）年
氷川八幡神社	和光市下新倉	一〇九一（寛治五）年
氷川神社	朝霞市岡	鎌倉時代初期
氷川神社	足立区舎人	一二〇〇（正治二）年
氷川神社	板橋区氷川町	一二〇六（元久三）年
氷川神社	伊奈町小室	一二四八（宝治二）年
氷川神社	足立区千住大川町	一二九四（永仁二）年
氷川神社	川越市小室	室町時代
氷川神社	川口市朝日	室町時代
氷川神社	中野区沼袋	室町時代正平年間
下ノ氷川神社	志木市下宗岡	一三五一（観応二）年
氷川神社	鳩ケ谷市本町	一三九四（応永元）年
氷川神社	さいたま市（旧・浦和市）西堀	室町時代応永年間
氷川神社	練馬区石神井台	室町時代応永年間
中ノ氷川神社	志木市中宗岡	室町時代永享年間
草加神社	草加市氷川町	安土桃山時代以前
氷川神社	練馬区氷川台	一四五七（長禄元）年
氷川神社	富士見市水子	一五七三（天正元）年

したがって大宮氷川神社のある大宮台地は、古代武蔵のまつりごとの中心地であった。大宮台地に隣接した東側、かつての浦和市（現・さいたま市）にはいまも、「見沼たんぼ」と呼ばれる広大な新田地帯がある。この地帯は、江戸時代に干拓されるまでは文字どおり沼であった。古代はその面積はさらに大きく、かつての大宮市（現・さいたま市）にまでまたがり、大宮公園のボート池などもその一部であった。見沼は大宮氷川神社の「御沼」であり、もともとは武蔵の国造が、出雲以来の伝統を守って水の神事を行った場所とされている[6]。

六四五（大化元）年の大化の改新により、律令時代に入っても、武蔵の政治的中心は大宮のままであり、国司がこの地で政務をとったこともあった。だが、八世紀初頭の大宝令の施行により、政治の中心は国府のある府中（現・東京都府中市）に移ってゆく。以後の大宮が、政治的中心としての地位を急速に失っていったことはいうまでもない。

近世になると、元来低湿地で人の住めなかった江戸が新たに開発された。大宮でも府中でもない、新しい政治的中心が武蔵国内に誕生したわけである。しかし古代からこの近世に至るまでに、武蔵では氷川神社が次々に建てられてきた。これらの多くは、大宮氷川神社の分霊を、集落の神として迎えたものであり、荒川およびその支流に多く祀られることになった。『新編武蔵風土記稿』や「社記縁起」などにより、江戸時代が始まる十七世紀までに武蔵国内に建てられたことが判明している主な氷川神社を、表に掲げた。(7)

こうして見ると、氷川神社はどの時代にも必ずいくつかは建てられ、少しずつ武蔵国一帯に増えていっていることがわかる。この傾向は、江戸時代に入っても変わっていない。大宮が政治的中心としての地位を失ってもなお、大宮を中心とする〈出雲〉の祭祀圏は、着実に広がりを見せていたのである。

もちろん古代から近世にかけて武蔵国内に建てられた神社は、氷川神社だけではない。稲荷、諏訪、天神、八幡など、他の神社も建てられている。だが、氷川神社のあるところは、大宮氷川神社を含めて、もともと高台で見晴らしが良く、川や湧き水などの水に恵まれたところが多く、その場所は村落の中心に位置していた。したがって一般に、氷川神社は村落の氏神として祀られ、他の神社と比べても権威が高かったといわれている。(8)

江戸時代に江戸を起点とする五街道が整備されると、大宮は江戸と京を結ぶ中山道の宿場町となったが、もちろん氷川神社の門前町としての機能ももち続けた。『新編武蔵風土記稿』によれば、当時の大宮氷川神社は、九万坪あまりもの広大な境内を有しており、その境内にはスサノヲを祭神とする「男躰宮《なんたいぐう》」、出雲でスサノヲと結婚したとされるクシイナダヒメを祭神とする「女躰宮《にょたいぐう》」、それにオオナムチ（オホクニヌシ）を祭神とする「火《ひ》（簸）王子宮《おうじぐう》」の三つの社があった。これらはそれぞれ、神主家が異なっており、男躰宮は岩井家が、女躰宮は角井駿河家（明治以降は東角井家と称する）が、火王子宮は角井出雲家（明治以降は西角井家と称する）が奉斎を担当していた。

しかしこの時代は、伊勢神宮や出雲大社などを除く大部分の神社で、神仏習合が進んだ時代でもあった。大宮氷川神社も例外ではなく、神事、仏事が相並び勤められた。したがって岩井、角井駿河、角井出雲の三神主家は、それぞれ神社を完全に支配、管理していたわけではなく、その権威は出雲国造とは比べものにならなかった。さらに大宮以外の氷川神社では、神主が常駐せず、別当寺院が神社の管理を兼ねているために、境内が無人となり、管理が行き届かず荒廃してしまうことも多かった。ましてや、そこにいかなる神々が祀られているかについては、ほとんど注意が払われていなかったといってよい。

松浦静山と平田篤胤

一八二一（文政四）年から書き始められた平戸藩主、松浦静山《まつらせいざん》（一七六〇・宝暦十〜一八四一・天保十二）の随筆、『甲子夜話《かっしやわ》』には、当時の大宮氷川神社の様子を描いた一節がある。そこにはこう描かれている。

中山道大宮宿、氷川大明神の社は、大宮宿入口より右の方に立石あり、武蔵国一の宮氷川大明神と云《い》ふ。一の鳥居より御宮まで十八町あり。其間《そのかん》左右並木にて、三所に鳥居建り。第十五町に二の鳥居あり。此辺《このあたり》に神主の宅、社家の居、また納経所あり。一の神主岩井出雲守、其次を角井駿河守と云ふ。第三の鳥居を入て御宮あり。本社は甚《はなはだ》小さし。外縁三間許《ばか》りもや有《あら》ん。武蔵国一宮氷川大明神と云ふ額あり。本社の東に本地堂、正観世音を安置す。こなたの右に神楽殿あり。本社の後へまはりて御手洗《みたらし》池あり。中に丹塗の橋を渡す。渡りて大鳥居あり。高さ三丈許《ばかり》もや有ん。(9)

この記述を見る限り、社殿や鳥居、池の位置など、ほぼいまと同じ景観といってよい。しかし肝心の「氷川大明神」が、具体的にいかなる神であるかはいっさいふれられておらず、そこに出雲の神々が祀られているという意識は薄かったように思われる。静山は同じ箇所で、「武蔵国は、今自他常住の処なれど、その国の一宮のことは人々心もつかず有多し」とも述べていることから、一般の氷川神社はもちろん、大宮氷川神社すら一般の人々にはあまり知られていなかったことがわかる。

だが、この神社に着目していた人物がいた。当時、江戸に住んでいた平田篤胤である。彼は、『古史伝』を執筆中の一八一八（文化十五）年二月、男躰宮に奉仕する岩井家の養子縁組の世話役として、初めて大宮氷川神社を訪れた。篤胤が大宮氷川神社に行った本来の目的は、『霊の真柱』をはじめとする自らの著作を神官の間に配布し、彼らにスサノヲやオホクニヌシの重要性を説くことで、篤胤神学に対する理解を促すことにあった。篤胤の目論みは見事に功を奏し、これを機に大宮氷川神社では、幕府が公認していた京の吉田家の神道（吉田神道）に代わり、民間の篤胤神学が浸透してゆくことになる。(10)

『甲子夜話』と同時代に書かれた『古史伝』の中で、篤胤は松浦静山とは対照的に、大宮氷川神社をはじめ、この地域の神社の多くが実は出雲系の神社であることを、次のようにいかにも国学者らしく、『日本書紀』や「国造本紀」、『延喜式』などを引用しながら指摘している。

武蔵国足立郡に、氷川神社、とある社の祭神を、一宮記に、素戔嗚命とあり。今も其本宮をしか言伝へたり。また男体宮とも云ふ。此国の国造は、神代紀に、天穂日命、出雲臣、武蔵国造等祖也と見え、国造本紀に、成務天皇の御世に、定賜へる由見えて、式に、此国に、横見郡に、伊波比《いはひ》神社、男衾《おぶすま》郡に、出雲乃伊波比神社、また入間郡にも、中氷川神社、出雲伊波比神社などあり。此等みな、出雲国に由ある社と通ゆるは、出雲国造より派りて、此国造と成れる故に、祝へる社なるべく覚ゆるに就て、氷川神社も、彼樋社を移せるならむと思はれ、氷川神社の素戔嗚尊なるに就て、其本社たる樋社をも、疑なく此神ならむと覚ゆるなり。

（新平二、二三二）

篤胤は、先の『新編武蔵風土記稿』の説に反して、氷川神社が「樋社」、つまり現在の島根県木次《きすき》町にある斐伊神社を勧請したという説をとっているが、ここでは措《お》く。引用文中にある横見郡の伊波比神社、男衾郡の出雲乃伊波比神社、入間郡の出雲伊波比神社は、いずれもオホクニヌシ（オホナムチ）を祭神とする神社で、現在もある。なお篤胤が引用している『延喜式』の「神名帳」によれば、武蔵国の官社四十四社のうち、四五パーセントに当たる二十社までが、スサノヲやオホクニヌシを祀る出雲系の神社に属している。国別の神社の数としては、東国で最も多い数字である。

このうち埼玉郡にある玉敷神社は、現在も埼玉県北埼玉郡騎西《きさい》町にあり、久伊豆神社《ひさいずじんじゃ》ともいった。久伊豆神社は、騎西や越谷、岩槻を中心とする武蔵国北部の地域に数多く分布しているが、この神社もまた、氷川神社と同じように「元荒川を中心とする埼玉県の一部分にのみ見られる神社」（西角井正慶「祭祀圏の問題」）(11)であり、オホナムチ（オホクニヌシ）を祭神としている。篤胤は、一八一六（文化十三）年に門人となり、経済的に篤胤を助けた山崎篤利《やまざきあつとし》（一七六六・明和三〜一八三八・天保九）が住む越谷の久伊豆神社にもしばしば訪問しており、神社に「天岩戸開之図」という絵馬を奉納するなど、この神社とも縁があった。(12)久伊豆神社の境内には、現在も篤胤が滞在したと伝えられるカヤぶきの仮寓居が、埼玉県指定の文化財として保存されている。(13)

次に掲げたのは、冒頭で述べた西角井正慶が一九五九年に作った、氷川神社、久伊豆神社、それに天つ神のタケミカヅチを祀る常陸一の宮の鹿島神宮の分祠と見られる香取神社の旧武蔵国内における分布図である。合祀が進んだ戦後に作られたものであるため、江戸時代にはこれよりはるかに多くの神社が分布していたものと思われる。

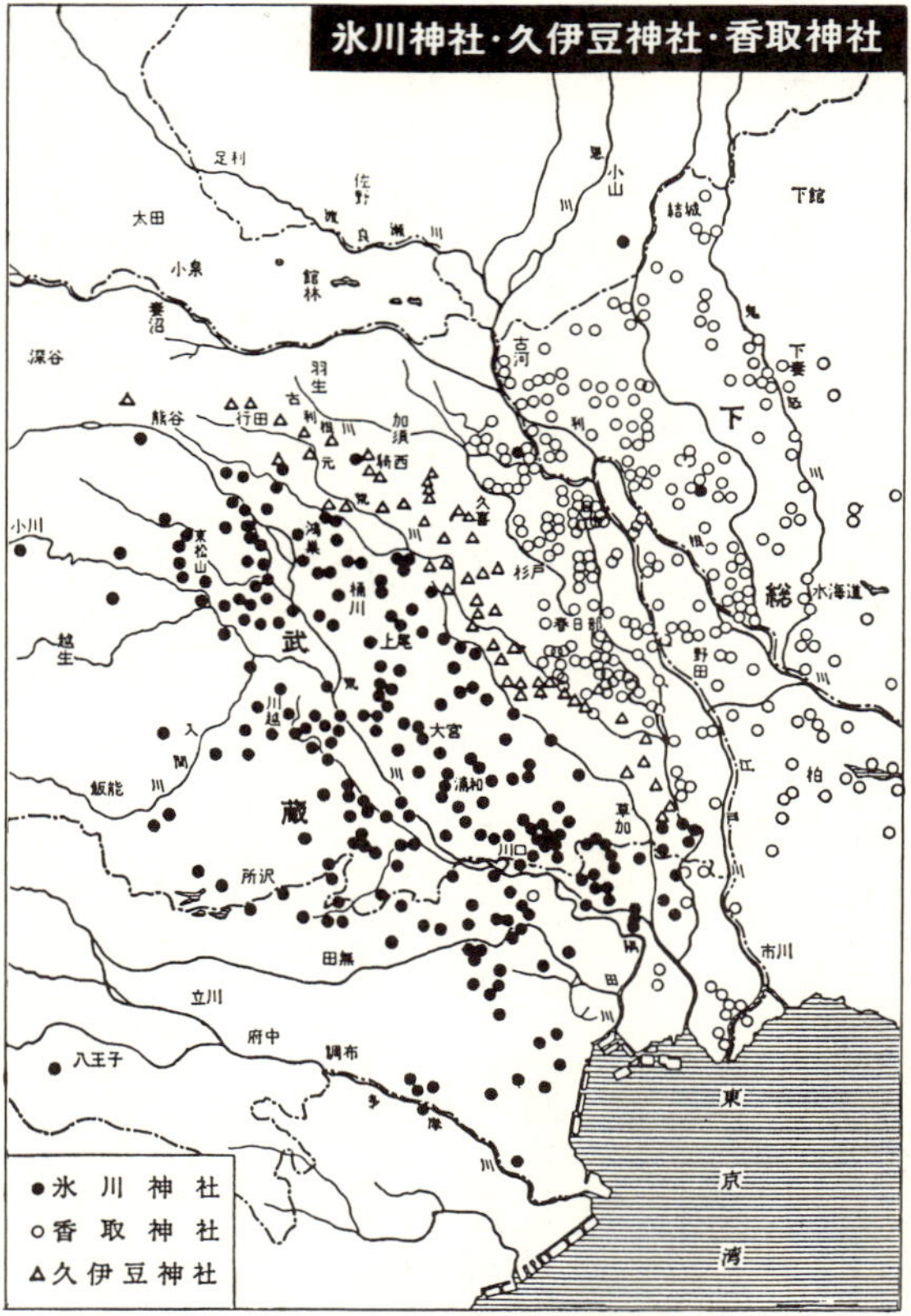

氷川神社・久伊豆神社・香取神社の分布図
（西角井正慶『古代祭祀と文学』より）

この地図を見ても、数多くの出雲系神社が、東部を除く武蔵国一帯に集中して存在していたことがわかる。

第一部で見たような篤胤の神学が、このような出雲の神々が多く祀られた武蔵国で確立されたことは、注意されてよい。それとともに注意すべきは、篤胤の死後、幕末になると大宮氷川神社の神主たちが、こぞって没後門人となっていったことである。一八六七(慶応三)年に男躰宮の神主であった岩井宅道《いわいいえみち》(一八三九・天保十〜一八八二・明治十五)が門人となったのに続き、一八六八(慶応四)年には女躰宮の神主であった東角井福臣《ふくおみ》(一八五三・嘉永六〜一九四二・昭和十七)と火王子宮の神主であった西角井忠正も、ともに門人となった。(14) このうち西角井忠正が、出雲国造と同じくアメノホヒの子孫としての意識をもっていたことは、先に述べた通りである。

2　埼玉県の成立と大宮の動向

明治天皇の大宮行幸

幕末期になって一部の国学者の注目を浴びるようになるとはいえ、長らく一般の人々からは忘れ去られていた大宮氷川神社が、歴史の表舞台に登場し、一躍有名になるのは、明治維新とともに新政府が「祭政一致」のスローガンを掲げ、それに基づいて天皇の行幸があってからであった。一八六八（明治元）年陰暦九月、まだ十六歳であった天皇は、それまでの住まいであった京都御所を発って東海道を東上し、十月十三日に将軍が抜けた後の江戸城に入った。その四日後の十七日には、大宮氷川神社を「武蔵国総鎮守」とする勅書が出され、その十日あまり後の二十八日には、天皇の一行がさっそく中山道を経由して大宮を訪れ、天皇が親祭を行ったのである。

江戸時代に将軍の行列が東海道や日光御成道、日光道中を進むことはあったが、一国の支配者が中山道を通るのは、前代未聞の出来事であった。このため神社では、天皇が休憩する岩井神主宅の玄関を改造するなど、周到な準備がなされ、行幸当日の沿道は、二十里（約七十九キロ）四方から集まったという見物人でいっぱいになった。その模様は、東角井家が所蔵する『年中諸用日記』に、「見物参詣之人々幾万人ニ候哉《さうらふかな》数限りも不相知《あひしらず》」と記されている。(15)ただしこのときは、維新という時代の変化を反映してか、将軍や大名の行列とは異なり茶店の商売が平常どおり許されるなど、沿道の規制はさほど厳しくなかった。

このときの行列の模様は、篤胤の没後門人で、後に川越の氷川神社の祠官にもなった石田致隆《いしだむねたか》（後に山田衛居《やまだもりい》と改名。一八四九・嘉永二〜一九〇七・明治四十）が描いている。「氷川神社行幸絵巻」と題する全長十三メートル余りの絵巻物がそれであり、一八八九（明治二十二）年に大宮氷川神社に献納され、現在は県指定文化財になっている。この行幸を機に、大宮氷川神社は勅祭社（天皇が自ら祭る神社）となり、大祭の際には天皇の代理として勅使が派遣されることになった。

また一八六八年から、新政府は全国の大きな神社を中心に、一連の神仏分離政策を進めている。大宮氷川神社の場合、僧侶側のたいした抵抗もなく神仏分離が進められ、十月までにほぼ完了したが、この措置により神社運営の実質的権限を握っていた別当寺は廃止され、出雲大社などと同じく、純粋に神社としての性格をもつようになった。これに対して他の氷川神社では、神仏分離がなかなか進まず、一八七〇（明治三）年陰暦六月からは、後述するように大宮氷川神社の権禰宜であった西角井正一《まさかず》（一八四七・弘化四〜一九一四・大正三）が県の社寺改め役として巡回し、指導に当たった結果、ようやく僧侶が排除された(16)。こうして、すべての氷川神社から仏教色が排除されるまでには時間を要したものの、ともかくも古代に武蔵を支配していた出雲の神々が、いわば維新という「僥倖」によってよみがえることになるのである。

ただここで注意すべきは、新政府の一社一神構想（神社の祭神は複数でなく、必ず一柱の神でなくてはならないという構想）に基づき、天皇が大宮氷川神社を訪れる直前の十月二十日に、男躰宮が本社、他は摂社ないし末社とされ、神社の祭神も男躰宮の祭神であったスサノヲだけとなり、クシイナダヒメとオホクニヌシが除外されていたことである。それとともに、岩井、東角井、西角井の三神主家も再編整理され、神主は岩井家だけとなり、東角井、西角井の両家はそれより位の低い禰宜となった。なお他の氷川神社の祭神も、大宮氷川神社にならってスサノヲ一神に定められた。

第一部では矢野玄道が、維新の建言書として岩倉具視に提出した『献芹詹語』の中で、オホクニヌシの主宰する「幽冥界」からの「御恩頼」に対する感謝としての天皇の祭祀の重要性を論じていたことを述べた。この玄道の構想を想起すれば、大宮氷川神社行幸の直前になって、オホクニヌシが祭神からはずされた意味は大きいといわなければならない。なぜならこれにより、天皇が幽冥主宰神のもとを表敬訪問するという彼の、もっといえば篤胤神学の根本部分が、実現不可能になったからである。

けれども、天皇が大宮氷川神社を訪れ、アマテラスでなくスサノヲの前に頭を垂れ、スサノヲを武蔵国、もっと端的にいえば「帝都」を守護する神として公式に認めたことのもつ思想的意義は、決して小さくない。それは結局、〈伊勢〉ではなく大宮、つまり〈出雲〉こそが、新しい首都にとっての祭祀的、宗教的中心であることを、天皇自らが認めたということにもなるからである。このようにして大宮は、新政府が掲げる「祭政一致」の最大の拠点となった。

大宮氷川神社をめぐる情勢

大宮の重要性を示すかのように、一八六九（明治二）年陰暦一月には、廃藩置県に先立って大宮県がおかれ、大宮は現在の埼玉県南部の中心地になった。三月には、旧武蔵国七郡の百姓の発願で、その年の豊作を祈る祈年祭が大宮氷川神社で行われてもいる。だが大宮県は、長くは続かなかった。同年六月には早くも、大宮から県庁が移ることがうわさになり、それを伝え聞いた同宿の宮町、仲町、大門町、下町の役人が、東角井家に対して、県庁引き留めの祈禱を七日間にわたり行うことを依頼している。[17]そのかいもなく、同年九月になると、県庁は同じく中山道の宿場町でありながら、大宮より規模も小さく、人口も少なかった浦和に移された。

ちなみに、岩鼻県、葛飾県、小菅県、品川県など、大宮県と同じ年におかれ、後に埼玉県や入間県に吸収される他の県は、いずれも一八七一（明治四）年の廃藩置県まで残っており、大宮県だけがすぐに廃止されている。この奇妙な県庁移転の背景に、〈伊勢〉と〈出雲〉の対立をめぐる問題があったのか、そのことを含めて、廃止の理由はよくわかっていない。

それでも、大宮氷川神社に対する政府の丁重な姿勢は、一八七〇（明治三）年を通して保たれた。この年の陰暦六月、大祭に際して、参議の副島種臣が勅使として大宮氷川神社に参向したのに続き、陰暦十一月には、いったん京都に帰っていた明治天皇が東京に戻ったのを機に、再び大宮氷川神社への行幸があり、天皇は改めて親祭を行っている。ただしこのときには、最初の行幸とは異なり、浦和県から中山道沿道の住民に対して、七ヵ条にわたる詳細な拝礼心得が達せられた。その筆頭には、「宿内其《その》外《ほか》人家有之《これある》場所ハ総《すべ》て軒下雨たれ落より内へ居り、人家無之《これなき》所ハ並木外通りヲ限《かぎり》往還妨ケ不相成《あひならざる》場所ニ蹲踞拝伏可《いたすべき》致事」（東角井家「行幸日記」⑱）とあるように、江戸時代の将軍や大名の行列のときのような土下座の強制が復活している。天皇はすでに、スサノヲを拝む「人」ではなく、自ら人々から仰がれる新しい「神」となりつつあった。

一八七一（明治四）年に入ると、さらに新たな変化が起こった。それをよく示すのが、陰暦五月に出された太政官布告である。この布告ではまず、全国の神社の社格がランクづけされ、伊勢神宮を頂点とする全国の神社の格式が決定された。これにより大宮氷川神社は、第一部でもふれた出雲大社などと同じく、伊勢神宮に次ぐ社格の官幣大社となったが、天皇自らが勅祭社として認めたことを踏まえるならば、この社格は決して妥当とはいえなかった。

同時にこの太政官布告では、神社を「国家ノ宗祀」として新たに定義づけたうえで、それまでの世襲神職制の廃止を宣言した。世襲神職制の廃止とは、全国の神社の神主や禰宜を、いったん神祇官が全員罷免し、新しく国家の役人として大宮司、少宮司、禰宜、権禰宜などを任命することを意味する。もちろん出雲大社のように、世襲の神主がそのまま大宮司に任命され、実質的に何も変わらなかったこともあったが、大宮氷川神社の場合は違っていた。この布告を機に、神主の岩井家は完全に神社から撤退し、新任の大宮司として、公家出身の交野《かたの》時萬《ときつむ》（一八三二・天保三〜一九一四・大正三）が赴任してきたのである。(19)

交野は大宮司になるまで、大宮氷川神社とは何の関係もなかった人物であり、大宮司になってもふだんは東京に住んでおり、祭礼のときに大宮にやって来るだけであった。一方、アメノホヒの子孫を自認し、篤胤の没後門人でもあった西角井正一や東角井福臣は、宮司に昇進することもできず、引き続き権禰宜や禰宜にとどまることになった。人々の崇敬の念を集めることのできない国家の役人が、神社の最高位についたわけで、この人事の意味は大きかった。西角井正一は、この翌年に禰宜になるが、一八七七（明治十）年には二人とも禰宜職から解任され、東西の角井家の凋落がいっそう進んでゆく。[20]こうして大宮氷川神社は、一八七一（明治四）年を境に、大きく変化してゆくのである。

さらに一八七三（明治六）年二月の太政官布告では、伊勢神宮を除く全国の官幣社の大祭の勅使は、地方官が代わりに務めることが定められた。ただこの点については、太政官の中でも、第一部で述べた教部省と、儀式や図書の事務をつかさどった式部寮との間で、意見の対立があった。結果として、伊勢神宮と大宮氷川神社については、これまで通り勅使を派遣すべきだとする教部省の意見が、大宮氷川神社を例外とすべきではなく、他の神社と同様に地方官をもって代えるべきだとする式部寮の意見に押し切られたのである。[21]

これ以後、大宮氷川神社の大祭には、他の神社と同様に県令（後の県知事）が参向するようになった。帝都を守護するスサノヲは次第に顧みられなくなり、勅祭社としての大宮氷川神社の意味は、完全に形骸化するに至った。

衰退する大宮氷川神社

このような大宮氷川神社の衰退に合わせるように、町としての大宮も衰退していった。以下、現在の埼玉県の成立までの動きを簡単に記しておこう。

一八七一年の陰暦十一月に、廃藩置県に伴って浦和県が廃止され、代わって埼玉郡を中心とする埼玉県と、入間郡を中心とする入間県がおかれた。埼玉県の県庁所在地は岩槻、入間県の県庁所在地は川越とされたが、その翌月になって、埼玉県の県庁所在地は当分の間、浦和となった。この理由もはっきりしない。一八七三（明治六）年六月には、入間県と群馬県（現在の群馬県と同じ）が廃止され、代わって熊谷を県庁所在地とする熊谷県がおかれたが、この県も一八七六（明治九）年八月に廃止され、熊谷県の上野国に相当する部分は再び群馬県となり、武蔵国に相当する部分は埼玉県に合併された。こうして現在の埼玉県に当たる部分が、ほぼ成立したのである。[22] この間の経緯については、次頁の図を参照されたい。

ここで注目すべきは、浦和県の成立から現在の埼玉県の成立に至るまで、いくつかの変遷はあったものの、県庁が大宮に戻ることはなく、一貫して浦和のままであったことである。いま述べたように、埼玉県が成立した当初、浦和は正式な県庁所在地ではなく、暫定的におかれただけであった。ところが、はっきりした理由のないまま、いつしかそれが既成事実となっていったのである。浦和とは対照的な大宮の衰退は、一八八三（明治十六年）年に上野と熊谷の間に日本鉄道（現在のＪＲ高崎線）が開通したとき、浦和に駅ができたのに対して、大宮には駅がなかったことに象徴的に示さ

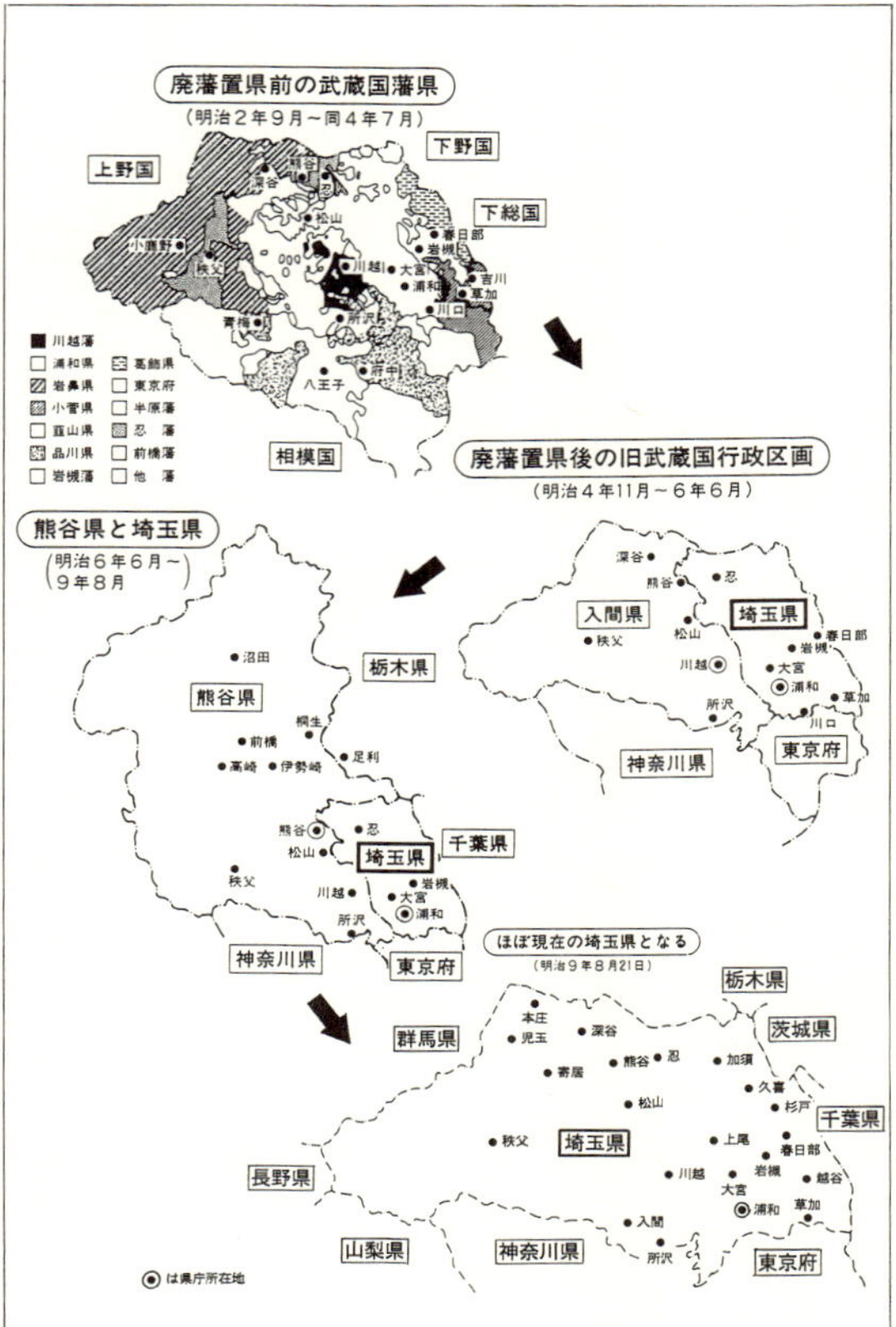

埼玉県の成立過程（埼玉県博物館資料より）

れた。もっとも浦和も安泰だったわけではなく、しばしば反対運動がおこっている。だが、県庁誘致運動をおこして浦和に反対するのは、明治三十年代前半までは大宮ではなく、もっぱら旧熊谷県の県庁所在地であった熊谷が中心であった(23)。

大宮氷川神社の衰退は、一八七八（明治十一）年の巡幸の途次に同神社に立ち寄ったのを最後に、天皇の訪問が中断することにもうかがえる。大宮の衰退を嘆いた町の人々は、衰退を救う切り札として、県内初の公営公園の実現を県令に働きかけた。この働きかけは功を奏し、公園の用地は神社の神域をあて、名称も「氷川公園」（その後「大宮公園」と改称）とすることなどが決められたが、他方でそれは、近代化に適応することで、古代以来の神社の森をなくすことを意味していた。これにより、約九万坪あった大宮氷川神社の神域は、約二万三千坪に激減したのである。

公園建設の請願とともに、大宮に駅を誘致する運動も活発に繰り広げられた。この運動も実を結び、氷川公園が完成した翌年の一八八五（明治十八）年には、大宮に待望の駅ができるとともに、日本鉄道（現在のＪＲ東北本線）の大宮と宇都宮の間が開通し、大宮は現在の東北線と高崎線の分岐点となった。大宮は、氷川神社の門前町から、現在にまでつながる埼玉県の交通の要衝都市へと、大きな一歩を踏み出すことになった。

こうして大宮の町そのものは発展してゆくのであるが、それは皮肉にも、古代以来の大宮氷川神社の森を犠牲にすることで成り立つものであった。氏子たちは、「帝都鎮護之神霊」がないがしろにされることに、次第に危機感を抱くようになった。一八九〇（明治二十三）年には、大宮町の山崎喜左衛門《やまざききざえもん》（生没年不明）ら氏子総代が、新しく知事となった小松原英太郎《こまつばらえいたろう》（一八五二・嘉永五〜一九一九・大正八）に対して、神職改正に関する建言書や上申書を提出した。そこではこう述べられている。

> 今度御改正ニ就《つひ》テハ、年来士人ノ希望罷在《まかりあり》候旧神官、即地方人士ヲ以テ、宮司禰宜ノ内へ御加エ相成《あひなり》、公平ナル組織相立《あひたて》候ハ勿論ト存奉《ぞんじたてまつる》処、旧慣ニ依リ外来人ヲ以テ長次官ニ御定候ハ、甚《はなはだ》遺憾ニ奉存候。
>
> 官吏等ヨリ新ニ（神職の——筆者注）補任ノ御沙汰有之《これあり》候様ニテハ、到底神社ノ隆盛ヲ策《はか》リ、神職氏子信徒一同合体和熟候儀ハ難相成《あひなりがたく》、願ハクハ前条御洞察在セラレ、従来氏子信徒等ト親密ナル旧神職等ヲシテ御採用在セラレ候ハヽ、好結果ヲ得ベク、殊ニ東角井福臣等ノ如キハ、大神ノ後裔《こうえい》ニシテ氏子信徒ノ信用尤《もつと》モ厚ク、且《かつ》本人ニ至リテモ報国ノ志操ニ富ミ、其任ニ堪タルハ、管下ノ輿論《よろん》ニ御座《ござ》候《さうらふ》[24]

「神社ノ隆盛」を回復するためには、もはや国家の役人が宮司や禰宜となる従来の習慣を改め、本来の神主であり、氏子の信用も厚い東角井、西角井家から宮司を選ばなくてはならないというのが、喜左衛門らの主張であった。ここでは当時、禰宜職からも退いていた東角井福臣を「大神ノ後裔《こうえい》」と述べていることが注目される。氏子が西角井家だけでなく、東角井家をもアメノホヒの子孫として意識していたことがうかがえよう。

この氏子たちの主張は通らなかったが、彼らの反発を意識してか、同じ年に宮司となった子爵の風早公紀《かざはやきんこと》（一八四一・天保十二〜一九〇五・明治三十八）は、この年に神社の社号を「氷川神宮」に格上げする運動をおこしている。背景には、前年に創建された橿原《かしはら》神宮など、神宮号をもつ神社が増えてゆくことへの危機感があったように思われる。風早の申請を受けた小松原知事は、内務省にこの社号改称を働きかけたが、伝統的に神宮の称号は天つ神や天皇を祀る神社だけにつけられてきたという事情もあり、認められなかった。(25)

3　千家尊福の知事時代——古代出雲の復活

尊福の知事就任

近き氷川の森みても
遠き秩父の山みても
　高き心をふりおこし
　広き田畑のすえかけて
よき実結ばん生いさきは
教えの種にありと知れ

一九一五（大正四）年に作られた、上尾市立上尾小学校の校歌の一節である。この校歌は、第一部で述べた千家尊福が作詞している。尊福はほかに、白岡町立大山小学校や、吉川市立吉川小学校の校歌の作詞者にもなっている。これらはいずれも、埼玉県の小学校である。(26) なぜ尊福が、埼玉県の小学校の校歌を作詞しているのだろうか。

実は尊福は、埼玉県とは深い関係があった。日清戦争が勃発する直前の一八九四（明治二十七）年一月、彼は第七代の埼玉県知事になっているのである。戦前までの知事は、公選ではなく官選であったから、県民により選ばれたわけではなかった。県民は、この出雲国造が県知事となったことに対して、一様に驚きの反応を見せた。

その驚きは、尊福のような神社界出身の人物が、本当に県政を担当することができるのかという戸惑いとして現れた。例えば、「そふじて宿禰《すくね》（尊福のこと——筆者注）は幽《かく》り世を知らすてふ大国主に仕へまつれる御身にしあれば、現《うつ》し世にひが事に倣はせ給ふとも覚へず、牟左志《むさし》の国を知しめす中には、世にも稀なる希《くす》しきふしのみ多く、青女が桑を食み鳥が藍をついばむ抔の怖しきわざを、やんごとなき宿禰に聞へ上んはいと〳〵勿躰《もったい》なし」(27)という言葉がそれである。「幽り世」とは異なる「現し世」を治めるにしては、尊福の身分は高すぎるのではないかという素直な反応がよみとれるであろう。

それとともに、尊福の爵位に対する疑問の声も聞かれたことは、「予を以て爵を論せば、恐くは公若くは侯を以てせん。然り然るに其局に在るもの、此れを以て論ぜずして、彼れを以て論じたるは、蓋し深拠の存する有るなるべし。決して偏倚の措置に非るを知る、而して幾多の事情あるなるべし」(28)という反応があったことにうかがえる。出雲国造ともあろう方が、なぜ公爵や侯爵ではなく、最もランクが低い男爵なのか、そこには何か深いわけがあるのではないか、と疑ったのである。もっともな疑問であった。

県内巡視

こうした県民の戸惑いや疑問を払拭すべく、尊福は同年四月、知事になってからの最初の本格的な仕事として、三十六日間にわたる県内巡視を計画した。巡視とは、知事が県内各地を回り、郡長や町長から、それぞれの郡や町の事務、議員選挙、土木工事、農作物の出来具合、産業、教育、衛生、徴兵、徴税の現状などにつき報告を受け、実際の県治の状況を把握することをいう。途中五月から六月にかけて、上京のため一時中断したが、大きく二回にわたって行われ、日数は予定よりも伸びて四十四日間にわたった。あまり知られていないこともあり、以下、その全日程を掲げる。(29)

四月十八日、県庁を出発、児玉郡本庄町（現・本庄市）泊。
　十九日、児玉郡児玉町泊。
二十日、秩父郡小鹿野《おがの》町泊。
二十一日、秩父郡大滝村泊。
二十二、二十三日、秩父郡大宮町（現・秩父市）泊。
二十四日、秩父郡名栗村泊。

二十五日、入間郡豊岡町（現・入間市）泊。
二十六、二十七日、入間郡川越町（現・川越市）泊。
二十八日、高麗《こま》郡越生《おごせ》町泊。
二十九日、比企郡小川町泊。
三十日、比企郡松山町（現・東松山市）泊。
五月一日、浦和に帰庁。
二日、県庁を出発、北足立郡浦和町（現・さいたま市）泊。
三、四日、大里郡熊谷町（現・熊谷市）泊。
五日、榛沢郡寄居《よりい》町泊。
六日、榛沢郡深谷町（現・深谷市）泊。
七日、北埼玉郡忍《おし》町（現・行田市）泊。
八日、北埼玉郡羽生《はにゅう》町（現・羽生市）泊。
九日、北埼玉郡加須《かぞ》町（現・加須市）泊。
十日、北葛飾郡栗橋町泊。
十一日、浦和に帰庁。
十四日、県庁を出発、北葛飾郡栗橋町泊。

十五日、北葛飾郡杉戸町泊。
十六日、北葛飾郡吉川村（現・吉川市）泊。
十七日、南埼玉郡越ケ谷町（現・越谷市）泊。
十八日、南埼玉郡岩槻町（現・岩槻市）泊。
十九日、南埼玉郡粕壁《かすかべ》町（現・春日部市）泊。
二十日、南埼玉郡菖蒲町泊。
二十一日、北足立郡桶川町（現・桶川市）泊。
二十二日、新座郡志木町（現・志木市）泊。
二十三日、北足立郡川口町（現・川口市）泊。
二十四日、北足立郡草加町（現・草加市）泊。
二十五日、帰庁。
六月十五日、県庁を出発、中葛飾郡宝珠花《ほうしゅばな》村（現・北葛飾郡庄和町）泊。
十六日、北葛飾郡杉戸町泊。
十七日、北葛飾郡吉川村（現・吉川市）泊。
十八日、帰庁。
十九日、県庁を出発、南埼玉郡粕壁町（現・春日部市）泊。

二十日、南埼玉郡菖蒲町泊。
二十一日、南埼玉郡岩槻町（現・岩槻市）泊。
二十二日、帰庁。

以上、巡視のルートについては次頁の地図を参照されたい。

この巡視は、歴代の埼玉県知事としては最後の大規模なものであった[30]。尊福は、あたかも『出雲国風土記』におけるオホクニヌシのように、ほぼくまなく県内を回っていたことがわかる。随行者は三人であったが、巡視ルートに当たる町村内での具体的な訪問先や、各町村での県民の反応などは不明であり、尊福が氷川神社など、県内に分布する出雲系の神社に立ち寄ったことがあったのか、あるいは生き神として県民から歓迎を受けたことがあったのかなどについても、残念ながらわかっていない。だがいずれにせよ、この巡視が県民に対して、尊福の実際の姿を知らしめるうえで少なからぬ効果を果したことは、確かなように思われる。

「古代出雲」としての埼玉

出雲国造の知事就任は、大宮氷川神社にとっても一つの好機と受け止められた。一

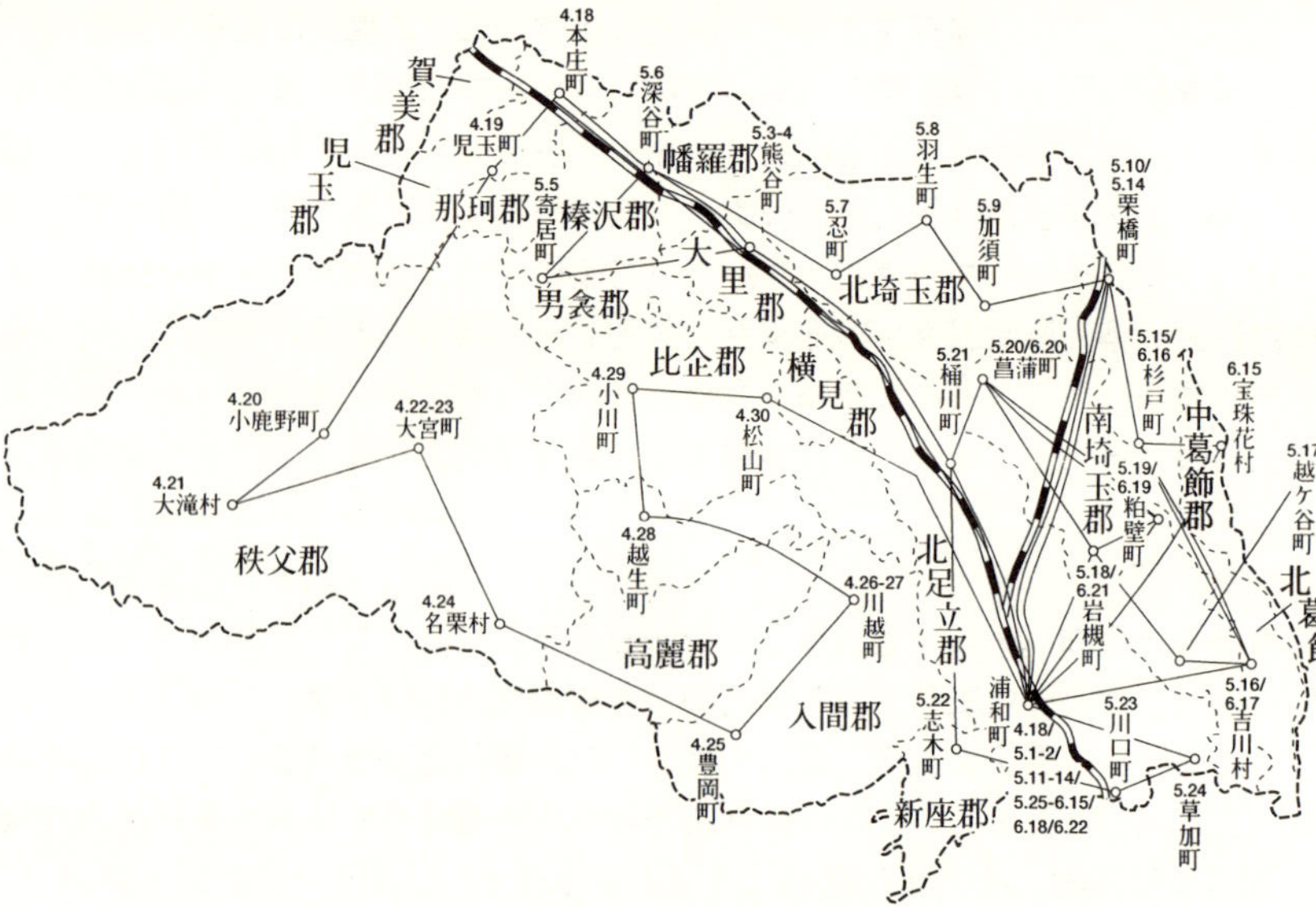

1894年県内知事巡視行程図

八九五（明治二十八）年十月には、風早公紀を継いで同神社の宮司となった伊藤景裕《いとうかげひろ》（一八四八・嘉永元〜一九〇七・明治四十）が、尊福に対して、神社の祭神にクシイナダヒメとオホクニヌシを合祀することを求めるとともに、一八九〇年に却下された社号改称の件についても再び請願した。これを受け、尊福は内務省に上申したが、内務省からの回答はなかったため、同年十二月、翌年二月に再び上申した。

尊福のこの運動にかけた意気込みは相当なもので、例えば十二月の上申書では、次のように述べている。

> 同社祭神ノ本末等ニ付テハ、維新前ハ種々論争モアリシ趣ナレドモ、之ヲ同社ノ実状ニ徴スルニ、三座各々世襲ノ神官奉祀シ随テ祭典等モ平等均一ニ経営シタルノミナラズ、三座ノ社殿モ当国風土記ニ記載ノ如ク甲乙ノ次第無之、殊ニ明治元年（改行）御臨幸御親祭ノ節ニ於テモ三座均シク金幣ヲ捧ゲラレタル儀ニ有之。就テハ現在、既ニ三座一殿ニ鎮斎セラレタル儀ニモ有之候間、本社祭神ヲ三座ト定メラレ度同社ハ氷川本宮又ハ氷川大宮ト称シ又天正二年小田原評定衆裁許状ニモ大宮社人トモ記載アリテ宮号ハ古来伝称シタルノミナラズ、同社ハ特ニ当国ノ総鎮守ト定メラレ、特別ノ由緒有之候儀ニ付、社号ノ宮号ニ御改称相成度[31]

尊福の上申書は、『新編武蔵風土記稿』を引用して三神合祀の正当性を述べるなど、行き届いたものであったが、一八六八年の行幸で「三座均シク金幣ヲ捧ゲラレタル」と記したのは、先に述べたように明らかに事実に反していた。しかし尊福の真摯な姿勢が通じたのか、一八九六（明治二十九）年五月に内務省から回答があり、神宮号への改称は再び却下されたものの、オホクニヌシとクシイナダヒメの合祀は認められた。これにより大宮氷川神社の祭神は、明治維新以前と同じ三神に戻ったのである。

実は、尊福の働きかけが半分成功した背景には、その翌月に嘉仁《よしひと》皇太子（後の大正天皇。一八七九～一九二六）の大宮氷川神社参拝を控えていたという事情があったと推測される。(32)嘉仁皇太子がまだ幼少のころ、明治天皇の皇后であった昭憲《しょうけん》皇太后（一八四九・嘉永二～一九一四・大正三）は、病弱であった皇太子の健康を祈り、出雲大社からわざわざオホクニヌシの分霊とお守りを取り寄せていた。(33)つまりオホクニヌシを合祀した大宮氷川神社への参拝は、出雲まで行くことのできなかった皇太子が、出雲大社に代わって氷川神社に参拝することで、オホクニヌシに対して自らの病気が回復に向かったことを感謝するという意味をもっていたわけである。

嘉仁皇太子は、この参拝の約一年前の一八九五（明治二十八）年八月の時点では、一時重体に陥るほど健康が悪化していた。このことを踏まえれば、オホクニヌシの合祀が急がれた理由もうなずけよう。第一部で述べたように、オホクニヌシは祭神論争が終息した一八八一（明治十四）年以降、神学的に「幽冥主宰神」とは認められず、急速に「護国の神」へと変質してゆく。したがって、この皇太子の参拝は、先に述べた矢野玄道の構想が実現されたことを意味するわけではなかった。

なお尊福は、知事としての政務をこなすかたわら、大宮氷川神社で毎年陰暦二月四日に、五穀豊饒などを神々に祈る祈年祭《としごいのまつり》や、毎年十一月二十三日に、その年の作物の出来を神々に感謝する新嘗祭《にいなめさい》などには、奉幣使として浦和から大宮に参向した。アメノホヒの子孫がいなくなった後の氷川神社に、アマテラスの子孫の天皇ではなく、もう一人のアメノホヒの子孫である出雲国造が参拝に出向いたわけである。それはかつて、出雲国造が古伝新嘗祭に際して、神魂神社や熊野神社へ参向した光景をほうふつとさせるものであった。

この祈年祭や新嘗祭は、県内各地の氷川神社などでも行われ、その日の境内は氏子たちで一杯になった。出雲国造が大宮でスサノヲやオホクニヌシに対して、その年の豊作を祈ったり感謝するとともに、県内各地の氏子たちも、それぞれの氏神で行われる祭祀に参加し、出雲の神々に対して同じような祈りや感謝の念をささげていたのである。このとき、埼玉県の中心は、明らかに大宮であった。天皇のいる東京府に接する形で、祭政一致の「古代出雲王朝」の姿が再現されていたのである。

しかし、「古代出雲」は長くは続かなかった。一八九七（明治三十）年四月には、尊福は埼玉県知事を辞職し、静岡県知事に転任となったからである。尊福の埼玉県知事としての在任期間は、三年二ヵ月であった。結局、終わってみれば、就任時の反応とは対照的に、尊福は知事としての職務を着実にこなし、在任中の評価はきわめて高いものであった[34]。尊福は静岡県知事を務めた後、その行政手腕を買われて東京府知事にもなったことは、彼がもはや神社人としてではなく、行政官として認められるに至ったことを示している。

おわりに——出雲の神々のたそがれ

千家尊福が東京府知事となる明治三十年代末以降、熊谷に代わって大宮が、浦和に代わるべき県庁所在地の候補として浮上してきた。一九〇六（明治三十九）年十二月には、大宮町の有志が、県庁が浦和にあるのは不便だとして、県庁移転の請願書を提出しようとしてもいる。[35] しかしそれは、大宮に氷川神社があるからではなく、大宮が交通の要衝として発展したからであった。[36] さらにその翌年には、次のような議論も出てくる。

今日の急務は、大宮町と氷川神社とを遍く世人に向つて紹介するにあり。而して其時機亦今日より好きはなし。時機とは何ぞや。他なし、去月二十日を以て、開かれたる東京府勧業博覧会即ち是なり。町民なるものは今回の博覧会を機とし、緊褌《きんこん》一番大宮町と氷川神社との紹介に努め、其名声を九天の上〔に〕揚げざるべからず。若し夫れ其手段に至りては左記の方法に依りて氷川大社の参拝を天下に慫慂《しょうよう》し、東京市と大宮町との関係をして、京都と伊勢との関係の如くならしめざるべからず。是れ実に我大宮町の繁栄発達を指導奨励する一大逕捷《けいしょう》たり。[37]

一九〇七（明治四十）年三月から東京府で開かれている勧業博覧会を利用して、大宮と氷川神社の名を人々に広く紹介すべきだというのである。大宮を氷川神社の門前町としてとらえている点では、伝統に根差した議論といえようが、なによりも注目されるのは、東京と大宮の関係が、京都と伊勢の関係にたとえられていることである。大宮が出雲ではなく、伊勢にたとえられたことは、スサノヲやオホクニヌシが、もはやアマテラスと変わらない伊勢の神々として認識されるに至ったことを示している。

さらに大正期以降になると、東京府内に天皇関係の神社やモニュメントが次々に建てられてゆく。一九二〇（大正九）年に明治天皇と昭憲皇太后を祀る官幣大社、明治神宮が完成したのに続き、一九二六（大正十五）年には神宮外苑が、一九二七（昭和二）年には大正天皇を埋葬する多摩陵《たまのみささぎ》が、一九三〇（昭和五）年には明治天皇を顕彰する聖蹟記念館が、次々に作られていった。明治天皇、大正天皇など、アマテラスの子孫に守護された新しい帝都が、昭和初期までに成立するわけである。

明治天皇を称え、行幸先での足跡を「聖蹟」として保存する昭和初期のキャンペーンにもかかわらず、一八六八年の明治天皇の大宮氷川神社行幸は、すでに遠い過去のものとなりつつあった。一九三八（昭和十三）年には、その記憶が薄れていくことを恐れた一県民が、「明治天皇御聖蹟の保存は其数多きより中々の大業と承つて居る。然しかゝる特別の由緒を持ち、特に明治天皇の大御心を煩はせ給ふた御聖蹟（大宮氷川神社を指す——筆者注）は、一段と他に先じて保存に考慮を要すべきであるまいか[38]」と苦言を呈しなければならないほどになっていた。

古代武蔵の政治の中心であり、明治維新により帝都を守護する神々が祀られる「聖地」となったはずの埼玉は、その歴史を顧みられることもなく、出雲の神々のたそがれの里へと変容していったのである。

注

（1）西角井正慶『古代祭祀と文学』（中央公論社、一九六六年）一三二～一三三頁。
（2）『新編　武蔵風土記稿』（五）（歴史図書社、一九六九年）九八二頁。
（3）『新訂・増補　埼玉叢書』第三（国書刊行会、一九七〇年）四一五頁。
（4）同、四四一～四五〇頁。
（5）前掲西角井『古代祭祀と文学』一二四頁。
（6）高崎正秀「出雲系文化の東方進出」（『出雲』第六号、一九四〇年所収）二五頁。
（7）この表は、以下の資料をもとに作成した。神社本庁調査部編『神社名鑑』（神社本庁、一九六三年）、『埼玉大百科事典』4（埼玉新聞社、一九七五年）、『所沢市史』社寺（所沢市、一九八四年）、『奥多摩町誌資料集三　奥多摩町の民俗―社寺―』（奥多摩町教育委員会、一九八一年）、『川越氷川神社誌』（氷川神社社務所、一九六八年）、川越大事典編纂委員会編『川越大事典』（国書刊行会、一九八八年）、「氷川の里上古寺」編纂委員会編『氷川の里　上古寺』（氷川神社、一九八五年）、『港区史』（港区役所、一九六〇年）、『志木市の社寺』（埼玉県志木市教育委員会、一九八五年）、『川口市林』第三五・三六合併号（一九八六年）、福岡町教育委員会事務局社会教育課編『長宮氷川神社　郷土史料第七集』（埼玉県入間郡福岡町教育委員会、一九六八年）、『和光市史』通史編上巻（和光市、一九八七年）、『朝霞市史』通史編（朝霞市、一九八九年）、『新修　足立区史』上巻（東京都足立区役所、一九六七年）、『鳩ケ谷市史』民俗編（鳩ケ谷市、一九八八年)、『練馬の神社』(練馬区教育委員会、一九七三年)、草加市史編さん委員会編『草加市史調査報告集第四集　草加の社寺資料』(草加市、一九八九年)、『富士見市史』資料編7(富士見市長萩原定次郎、一九八九年)。
(8)『大宮市史』第三巻中・近世編(大宮市役所、一九七八年)四八頁。
(9)松浦静山『甲子夜話』2(平凡社、一九七七年)一七二〜一七三頁。
(10)以上、大宮氷川神社と篤胤神学の関係については、前掲『大宮市史』第三巻中・近世編、一九二〜一九七頁を参照。
(11)前掲西角井『古代祭祀と文学』一三三頁。
(12)山崎篤利は、もと長右衛門と称したが、篤胤から「篤」の一字を与えられて改名したという(竹内誠・本間清利『わが町の歴史越谷』文一総合出版、一九八四年、一五〇頁)。なお、篤胤がしばしば越谷を訪問していたことについては、『越谷市史』第一巻通史編上(越谷市役所、一九七五年)一一三六〜一一七八頁に、詳細な説明がある。
(13)埼玉県高等学校社会科教育研究会歴史部会『埼玉県の歴史散歩』(山川出版社、一九八七年)五九頁。
(14)前掲『大宮市史』第三巻中・近世編、二〇〇頁。
(15)『大宮市史』資料編2(大宮市役所、一九七七年)五九二頁。
(16)『大宮市史』資料編3(大宮市役所、一九九三年)一五頁。
(17)同、九九頁。
(18)同、九二六頁。
(19)同、一七頁。
(20)『武蔵一ノ宮氷川神社調査報告書』(大宮市史編さん室、一九六四年)二七三頁。
(21)この点に関しては、阪本是丸『国家神道形成過程の研究』(岩波書店、一九九四年)一二〇〜一二一頁を参照。

(22) 埼玉県の成立に関しては、『新編　埼玉県史』通史編5・近代1（埼玉県、一九八八年）七四〜七五頁を参照。

(23) 明治三十年代までの県庁移転をめぐる問題については、『浦和市史』第四巻近代史料編1（浦和市、一九七五年）四七〜五八頁、『浦和市史』通史編III（浦和市、一九九〇年）一一一〜一二一頁、前掲『新編　埼玉県史』通史編5・近代1、六〇〇〜六〇二頁、『埼玉県行政史』第一巻（埼玉県、一九八九年）四七六〜四八一頁などを参照。

(24) 山崎喜左衛門ら「官幣大社御改正更建議」および「上申書」（埼玉県立文書館所蔵行政文書）。

(25) 「氷川神社ヲ神宮ト改称宣下請願ノ件指令」（埼玉県立文書館所蔵行政文書）による。

(26) 埼玉県下の千家尊福が作詞する小学校の校歌に関しては、出雲大社教の千家和比古氏よりご教示を得たことを記しておく。

(27) 「旧令尹を送り新令尹を迎ふ」（『埼玉民声』第廿号、一八九四年所収）一頁。

(28) 鎌倉恒松「千家知事に贈るの書」（『埼玉民声』第二十九号、一八九四年所収）八頁。

(29) 以下の巡視日程は、『県報』第三百四号（一八九四年四月二十日発行）所収の「彙報」および『県報』第三百弐拾号（同年六月十五日発行）所収の「彙報」によった。

(30) 前掲『埼玉県行政史』第一巻、四六〇〜四六二頁によれば、埼玉県では第三代県令の吉田清英が一八八六（明治十九）年に本格的な県内巡視を行ってから、代々の県令や県知事が巡視を行う習慣が続いてきたが、この尊福の巡視を最後として、知事の巡視は実施されなくなった。その理由として同書では、県・郡・町村という地方制度の確立によって、巡視の意義が薄れたことをあげている。

(31) 千家尊福「官幣社祭神合祀並社号改称ノ儀上申」（埼玉県立文書館所蔵行政文書）。

(32) この点に関しては、原武史『大正天皇』（朝日選書、二〇〇〇年）四三頁を参照。

(33)　千家遂彦「大正天皇と尊福卿」(『幽顕』第五四〇号、一九五八年一月一日所収)。

(34)　以上、埼玉県知事時代の千家尊福に関しては、小山博也「歴代県知事―人と業績　その一五　第七代千家尊福」(『埼玉県史研究』第二十七号、一九九二年所収)が参考になる。

(35)　「浦和町民諸君に警告す」(『評論』第一三六号、一九〇七年一月二十日所収)を参照。

(36)　なお昭和期に入ると、交通の要衝として発展した大宮が、県庁所在地としての浦和の地位を本格的に脅かすようになる。開業時とはうって変わって、大宮には急行を含む東北、高崎線のすべての列車が停車するのに対して、浦和に停車するのは京浜東北線の電車だけとなり、東北・高崎線の急行はもちろん、普通もほとんどが停車しなくなるのである。この点に関しては、拙稿「浦和の謎」(『本』第二十一巻第五号、一九九六年所収)を参照。

(37)　大網蝸堂「敢て大宮町民に告ぐ」(『評論』第一三九号、一九〇七年四月二十日所収)。

(38)　稲田坦元「東京奠都と大宮氷川神社行幸御親祭」(『埼玉史談』第九巻第五号、一九三八年所収)三一〇頁。

原本あとがき

私が資料調査のため初めて出雲大社を訪れたのは、いまからもう六年も前の一九九〇年五月のことであった。当時私はまだ大学院修士課程の学生で、修士論文のテーマとして平田篤胤を中心とする国学運動の思想を考えていたが、藤井貞文氏の労作である『明治国学発生史の研究』を一読して以来、出雲国造であった千家尊福がこの運動の鍵を握る人物であったことを確信するようになり、一度現地を訪れる必要があると判断したのであった。

大社では、出雲大社教の千家和比古氏や松長直道氏が温かく私を迎えて下さり、明治期に同教が発行していた『大社教雑誌』や、尊福の巡教にまつわる手書きの資料などを閲覧させていただいた。境内の「おくにがえり会館」の中にある結婚式用の控えの一室でひととおり資料の筆写が終わると、時間はもう夕方が迫っていた。外に出てみると、出雲大社の広い境内はしんと静まりかえり、斜めに傾いた陽の光が、社殿を鮮やかに照らし出している。まさしく「天日隅宮」の荘厳な光景を目のあたりにして、私は強い感動に打たれた。「出雲はわけても神々の国」という小泉八雲の言葉がしきりに思い出され、それを現代でも実感することのできる出雲という場所に対する、畏敬の念のようなものが湧いてきた。

このとき以来、私の出雲に対するイメージは変わった。頭の中で漠然と考えていた出雲の印象は完全に払拭され、代わって別の鮮明な画像がしっかりと頭にたたき込まれた。これを「洗脳」といえば、そういえるのかもしれない。いずれにせよ、この資料調査をきっかけに、私は〈出雲〉に強いこだわりをもつようになった。一九九〇年十二月に修士論文をまとめて大学院に提出し、一九九二年には大学の助手に採用されて研究テーマが変わったりもしたが、私の〈出雲〉に対するこだわりは少しも変わらなかったように思う。

本書で記した二つの論文は、岩波書店が発行する雑誌に掲載された次の二つの論文とエッセイを原型としている。

・「復古神道における〈出雲〉――思想史の一つの試みとして」（上）（下）（『思想』第八〇九、八一〇号、一九九一年所収）

・「埼玉の謎――ある歴史ストーリー」（『よむ』第一巻第六号、一九九一年所収）

前者の論文は、いま述べた大学院に提出した修士論文をもとにしたものである。大学院の指導教官であった平石直昭先生のほか、渡辺浩先生からも有益なコメントをいただき、もとの論文にかなりの修正を施した。また『思想』に掲載するに当たり、有賀弘先生にも援助していただいた。いずれの先生に対しても、深く感謝申し上げたい。ただし紙幅の都合上、この論文はもとの論文の分量を半分以下に圧縮せざるを得ず、論じ足りていない点も多かったことを残念に思っていた。本書の論文は、この『思想』論文を大幅に加筆し、その後に集めた資料も取り入れながら、約二倍の分量に戻したものである。

一方、後者の論文は、いまは廃刊となった『よむ』に掲載した特集のエッセイがもとになっている。編集長の相良剛氏と友人の海治廣太郎氏に誘われて、雑誌の編集会議に時々参加していた私は、特集の企画案として埼玉の話を持ち出したことがあった。自分としてはまだ思索の段階で、あくまでも参考程度に出しただけのつもりであったが、トントン拍子に企画が通ってしまい、ついに不完全のまま書くことになってしまった。もともと雑誌の性格に合わない内容だと思っていただけに、意外な感じもした。結局、書くに当たっては、論文調ではなく、写真や図をふんだんに入れた読み物調にすることで同意した。このため資料による実証ではなく、推理の方が前面に出てしまい、雑誌の刊行後、埼玉県の郷土史家からかなりのお叱りを受けた。本書の論文は、このときの反省に立って根拠のない推理を排除し、その後に集めた資料も生かしながら、極力客観的な実証に努めたつもりである。

本書がこのたび、公人社から出版されるに至ったのには、実は深いわけがある。そのわけは、私が国立国会図書館の職員をしていた一九八六年にまでさかのぼる。当時お世話になっていた中居正威氏がある日、同僚だった玉川義人氏と私に、君たちに紹介したい人がいる、一度会っておくとよいと言われたことがあった。玉川氏と私は、事情がよくのみ込めぬまま、中居氏の後について営団地下鉄有楽町線に乗り、永田町から江戸川橋まで行った。そこで待っていたのが公人社の大出明知氏であったのである。

それ以来、大出氏とはもう十年にわたり、公私ともに親しくお付き合いさせていただいている。この間大出氏からは、〈出雲〉の論文をもとに単行本を作らないかというお誘いを何度もいただいてきた。先に『直訴と王権』という本を完成させ、助手としての職務を一段落させたつもりでいた私は、いよいよ長年の懸案であった大出氏との約束を果たす覚悟を固めたのである。長期にわたり辛抱強く完成を待って下さった大出氏に心より感謝するとともに、数少ない私の「酒飲み仲間」である中居氏と玉川氏の変わらぬご厚情にも、この場を借りて一言お礼を申し上げたい。

一九九六年五月

原　武史

学術文庫版あとがき

『〈出雲〉という思想』は、一九九六年十月に東京の公人社から刊行された。このたび文庫版にするに当たり、それに若干の加筆修正を行ったが、基本的な主張自体は変えていないつもりである。

本書の第一部が主に考察の対象としているのは、十八世紀末から十九世紀末に至るまでの、約一世紀にわたる政治思想史である。すなわち、支配イデオロギーがはっきりしなかった徳川体制の中から国学、次いで復古神道が台頭し、それが大国隆正による重大な思想内容の変更を経ることで、明治維新を正当化するイデオロギーへと転化し、新政府に採用されたのもつかの間、再び在野の思想に「転落」してゆき、「伊勢派」と「出雲派」による祭神論争を経て、いわゆる「国家神道」が確立されるまでの思想史を描いている。

言葉を換えれば、それは「敗者」の思想史といってよい。それでも、大国隆正などは少なくとも一時期は政府に採用されたのだから、厳密には「敗者」と呼べないだろうが、むしろ私が本書の第一部で重視したのは、復古神道を大成した平田篤胤から六人部是香、矢野玄道、千家尊福を経て、大本教団の出口王仁三郎へと至る流れである。

彼らはみな、正真正銘の「敗者」というべき人々であり、細部の違いこそあれ、天皇を目に見える生前の世界を意味する「顕明界」の、オホクニヌシを目に見えない死後の世界を意味する「幽冥界」の支配者として考えていた点で共通する。その思想は、究極的には『日本書紀』の「一書」の記述に由来していた。国家神道は、このような「顕幽論」そのものを否定することで、神道自体の宗教性をも否定したのである。

もちろん、本書であまり論じることができなかった靖国神社の問題が残るにせよ、結局神道は近代天皇制を支えるイデオロギーとしては、十分に機能しなかったというのが私見である。天皇を「現人神」と見なす思想は明治初期からあり、昭和初期になって強まるのは周知の通りであるが、それすらも天皇を「顕」の、アマテラスを「幽」の支配者と見なす、大国隆正流の復古神道の「顕幽論」に直接基づくものではなかった。

現在の私は、近代天皇制に言説化されたイデオロギーとは別の次元の支配があったのではないかという問題意識をもっている。それは、天皇（明治、大正、昭和）や皇太子（嘉仁、裕仁）の個別的な身体を媒介とする支配であり、私はそれを「視覚的支配」と呼んでいる（この点につき詳しくは、拙著『可視化された帝国』、みすず書房、二〇〇一年を参照されたい）。思えばこうした意識は、第一部のもとになる「復古神道における〈出雲〉」を九一年に大学院の修士論文として書き上げ、それを圧縮して『思想』の第八〇九、八一〇号に分載させて頂いた時点から発生し、徐々にはっきりした形をとってきたものである。

第二部は、第一部の分析をもとに、埼玉県の県庁所在地がなぜ大宮でなく浦和となったのかを思想史的に探ったものである。五月一日に浦和、大宮、与野の三市が合併して「さいたま市」が誕生したが、私は新市名の公募に際して、この地域に数多く鎮座する氷川神社の名称をとって「氷川市」とすることが、〈伊勢＝東京〉に対峙する〈出雲＝埼玉〉のアイデンティティーを鮮明にすることにつながると主張した（「新駅を『氷川市』にせよ」、『本』第二十四巻第十二号、一九九九年所収および「『氷川市』の誕生を望む——埼玉県の県庁所在地の問題に寄せて」、『観光文化』第一四〇号、二〇〇〇年所収）。

三市の合併協議会では、私の提案も話題になったらしいが、公募の結果、一位となったのは「埼玉市」で、「さいたま市」が二位、「氷川市」は二十位であった。結局、もともと全く別の場所（現在の行田市付近）の地名であった埼玉が平仮名化して、何の意味ももたない記号となり、新市名となったのは、かえすがえすも残念なことであった。

なお今回、加筆修正をしたのは、主に第一部冒頭の、今日の学界における『古事記』や『日本書紀』の解釈を紹介した部分である。代表として、水林彪氏と神野志隆光氏の研究を挙げておいたが、両者の解釈は正反対であるにもかかわらず、どちらもなぜ『日本書紀』の「一書」、もっといえばオホクニヌシの「国譲り」を描いた「一書第二」を全く問題にしないのか、正直言ってよくわからなかった。実はこの「国譲り」こそ、本居宣長が『古事記伝』の中で言及してから、約一世紀にわたって国学者や神道家の間で一貫して問題となってきた箇所であり、水林氏と神野志氏がともに批判する津田左右吉ですら、この箇所に十分な注意を払っていたことは、本書の第一部で述べた通りである。

最後に、学術文庫版にするに当たり、それを快く認めて下さった公人社の大出明知氏に、心より感謝申し上げたい。また編集を担当された講談社学芸局の稲吉稔氏と、文庫化を勧めて下さった文庫出版部の横山建城氏にも厚く御礼を申し上げる。

二〇〇一年五月五日

原　武史

本書の原本は、一九九六年、公人社より刊行されました。

原　武史（はら　たけし）

1962年生まれ。東京大学大学院博士課程中退。東京大学社会科学研究所助手，山梨学院大学助教授を経て，現在，明治学院大学教授。専攻は日本政治思想史。著書に『直訴と王権』『「民都」大阪 対「帝都」東京』『大正天皇』『可視化された帝国』など。

講談社学術文庫

定価はカバーに表示してあります。

〈出雲《いずも》〉という思想《しそう》

原《はら》　武史《たけし》

2001年10月10日　第1刷発行
2015年4月20日　第18刷発行

発行者　鈴木　哲
発行所　株式会社講談社
東京都文京区音羽2-12-21 〒112-8001
電話　編集部（03）5395-3512
販売部（03）5395-5817
業務部（03）5395-3615

装　幀　蟹江征治
印　刷　豊国印刷株式会社
製　本　株式会社国宝社

ISBN4-06-159516-4

「講談社学術文庫」の刊行に当たって

これは、学術をポケットに入れることをモットーとして生まれた文庫である。学術は少年の心を養い、成年の心を満たす。その学術がポケットにはいる形で、万人のものになることは、生涯教育をうたう現代の理想である。

こうした考え方は、学術を巨大な城のように見る世間の常識に反するかもしれない。また、一部の人たちからは、学術の権威をおとすものと非難されるかもしれない。しかし、それはいずれも学術の新しい在り方を解しないものといわざるをえない。

学術は、まず魔術への挑戦から始まった。やがて、いわゆる常識をつぎつぎに改めていった。学術の権威は、幾百年、幾千年にわたる、苦しい戦いの成果である。こうしてきずきあげられた城が、一見して近づきがたいものにうつるのは、そのためである。しかし、学術の権威を、その形の上だけで判断してはならない。その生成のあとをかえりみれば、その根は常に人々の生活の中にあった。学術が大きな力たりうるのはそのためであって、生活をはなれた学術は、どこにもない。

開かれた社会といわれる現代にとって、これはまったく自明である。生活と学術との間に、もし距離があるとすれば、何をおいてもこれを埋めねばならない。もしこの距離が形の上の迷信からきているとすれば、その迷信をうち破らねばならぬ。

学術文庫は、内外の迷信を打破し、学術のために新しい天地をひらく意図をもって生まれた。文庫という小さい形と、学術という壮大な城とが、完全に両立するためには、なおいくらかの時を必要とするであろう。しかし、学術をポケットにした社会が、人間の生活にとってより豊かな社会であることは、たしかである。そうした社会の実現のために、文庫の世界に新しいジャンルを加えることができれば幸いである。

一九七六年六月

野間省一

成瀬　治著
近代ヨーロッパへの道
ルネサンス、宗教改革を経て、市民社会の形成へ。中世から近代に向かう〝複雑にして多面的な運動〟の中で「世界史」を形成してゆくヨーロッパの姿を詳細に再現、絶対王政の栄華の陰で苦しむ庶民までも活写。
2045

エウジェニア・サルツァ＝プリーナ・リコッティ著／武谷なおみ訳
古代ローマの饗宴
カトー、アントニウス……美食の大帝国で人々は何を食べ、飲んでいたのか？　贅を尽くした晩餐から、農夫の質実剛健な食生活まで、二千年前に未曾有の繁栄を謳歌した帝国の食を探る。当時のレシピも併録。
2051

小倉紀蔵著（解説・上垣外憲一）
韓国は一個の哲学である　〈理〉と〈気〉の社会システム
儒教（朱子学）に基づく〈理〉と〈気〉の世界観を軸に、著者独自の「統一理論」で韓国人の思考や行動原理、韓国社会のメカニズムを読み解いてゆく。思想史と歴史を踏まえた、正しい韓国理解のための必読書。
2052

石井良助著（解説・本郷和人）
天皇　天皇の生成および不親政の伝統
「不親政」と「刃に血ぬらざること」こそが天皇の伝統であり、それゆえに邪馬台国の時代から現在にいたるまで、「統合の象徴」として存続しえたという。その後の日本人の天皇観に多大な影響を与えた必読の論考。
2059

内藤　昌編著
城の日本史
記紀に登場する「キ」や「サシ」に城＝「都市」の淵源を遡り、中世〜近世の発達を解説。名城譜として全国二九の城の歴史的変遷、城郭の構成法、各要素の意匠と役割を、三百点以上の図版を交えて多角的に解説。
2064

樺山紘一著
世界史への扉
世界史に潜む同時性を探り、歴史学の内外で唱えられる新視角を検証する小論集。西欧の歴史を普遍のモデルとせず、多様性と日常性に注目しながら、現代の激動を解読するための「歴史への感受性」を磨く。
2065

歴史・地理

中世武士団
石井 進著（解説・五味文彦）

平安末期から戦国期の終焉にかけて激動の時代を担った社会集団。「士」にねざした彼らの生活と意識、変容の過程、荘園や城下町の様子を、歴史書、文学作品、考古資料を駆使して活写する中世史研究の白眉。

2069

大清帝国への道
石橋崇雄著

ヌルハチが統合した北方の一小国は、やがて北京に入城し、さらに中央アジアを制圧、康熙・雍正・乾隆という三帝のもとで最盛期を迎える。満洲語史料を読み解き、現代に続く多民族国家の形成過程を解明する。

2071

江戸人の精神絵図
野口武彦著

禁欲的知識人＝定信の倒錯した自己顕示欲、徂徠による政治の虚構性の暴露と絶対的な「聖人信仰」、上田秋成の欠損した指と自意識……江戸時代人のリアルな人間像に肉迫し、その前近代性と現代性を読み解く。

2073

諸葛孔明　「三国志」とその時代
宮川尚志著（解説・渡邉義浩）

無謀な戦争を繰り返した諸葛亮が、なぜ後世、義の人として称賛されるに至ったのか？　その思想と行動を中国史研究の泰斗が描く。一九四〇年以来、改訂を重ねて読み継がれてきた「三国志」研究の重要古典。

2075

ヴェネツィア帝国への旅
ジャン・モリス著／椋田直子訳

アドリア海からギリシャ本土へ、さらにキプロス島やエーゲ海の島々、奇跡の都・コンスタンティノープルへ――。海洋帝国の栄光の跡を、英国随一の「歴史の旅人」が訪ね、情趣豊かに綴る紀行文学の傑作。

2079

逆賊と元勲の明治
鳥海 靖著

西郷隆盛の「銅像建設問題」、危機の時代における「長老の役割」、政治家・明治天皇の伊藤博文への信頼と不満、山県有朋の日露開戦反対論など、先入観とフィクションを排した透徹した視線で論じる明治の群像。

2081

《講談社学術文庫　既刊より》

佐藤次高著
イスラームの「英雄」サラディン 十字軍と戦った男

十字軍との覇権争いに終止符を打ち、聖地エルサレムを奪還した「アラブ騎士道の体現者」の実像とは？ ヨーロッパにおいても畏敬の念をもって描かれた英雄の、人間としての姿に迫った日本初の本格的伝記。

2083

オットマール・フォン・モール著／金森誠也訳
ドイツ貴族の明治宮廷記

威厳ある若き天皇への謁見、知性と品位を備えた皇后への賞讃、「宮中衣裳問題」での伊藤博文との衝突。宮中近代化のために招聘された「お雇い外国人」の日本滞在記。立憲国家成立期の宮廷社会を知る必読文献。

2088

土屋恵一郎著（解説・渡辺京二）
怪物ベンサム 快楽主義者の予言した社会

パノプチコン創案者の功利主義者という理解では、ベンサムの全体像は解からない。献体第一号、同性愛・高利擁護論者……。啓蒙時代の快楽主義思想家が描いた近代社会の設計図には驚きが満ちあふれている。

2092

田中健夫著（解説・村井章介）
倭寇 海の歴史

中世の東アジア海域に猛威を振るい、歴史を変革した海民集団＝倭寇。時の政治・外交に介入し、密貿易を調停し、国際社会の動向をも左右したその実像を、国境にとらわれない「海の視点」から、浮き彫りにする。

2093

高橋富雄著
平泉の世紀 古代と中世の間

壮大な国家構想と、頼朝が恐れた軍事力。東北地方を縦断する交通網と、中尊寺にみられる仏教哲学。奥州藤原氏の栄光の百年を、古代から中世へと変動する列島の歴史の中に位置づける「新たな日本史」の試み。

2094

姜　在彦著
朝鮮儒教の二千年

朝鮮における儒教の二千年にも及ぶ歴史的な展開を跡付けた記念碑的著作。長きに渡る儒教と朝鮮とのかかわりを丹念に追い、同時代の中国・日本との比較から朝鮮儒教の特徴と東アジアの思想的古層を描き出す。

2097

古典訳注

江口孝夫全訳注
懐風藻
国家草創の情熱に溢れる日本最古の漢詩集。近江朝から奈良朝まで、大友皇子、大津皇子、遣唐留学生などの佳品百二十編を読み解く。新時代の賛美や気負に燃えた心、清新溌剌とした若き気漲る漢詩集の全訳注。

1452

秋本吉徳全訳注
常陸国風土記
古代東国の生活と習俗を活写する第一級資料。筑波山での歌垣、夜刀神をめぐる人と神との戦い、巨人伝説・白鳥伝説など、豊かな文学的世界が展開する。華麗な漢文で描く、古代東国の人々の生活と習俗とこころ。

1518

宮崎荘平全訳注
紫式部日記（上）（下）
『源氏物語』の作者、紫式部の宮仕え日記。親王誕生の慶びに沸く御堂関白家。初孫を腕に抱き目を細める道長の姿。次々と繰り広げられる祝儀や賀宴の情景。中宮彰子に仕えた式部の綴る注目すべき日記の傑作。

1553・1554

興津《おきつ》　要《かなめ》編（解説・青山忠一）
古典落語
名人芸と伝統——至高の話芸を文庫で再現！　人情の機微、人生の種々相を笑いの中にとらえ、庶民の姿を描き出す言葉の文化遺産・古典落語。「目黒のさんま」「時そば」「寿限無」など、厳選した二十一編を収録。
1577

興津　要編（解説・青山忠一）
古典落語（続）
日本人の笑いの源泉を文庫で完全再現する！　大衆に支えられ、名人たちによって磨きぬかれた伝統話芸、古典落語。「まんじゅうこわい」「代脈」「妾馬」「酢豆腐」など代表的な二十編を厳選した、好評第二弾。

1643

森田　悌《てい》訳
日本後紀（上）（中）（下）全現代語訳
『日本書紀』『続日本紀』に続く六国史の三番目。延暦十一年から天長十年の四十年余、平安時代初期の律令体制再編成の過程が描かれていく貴重な歴史書。漢文編年体で書かれた勅撰の正史の初の現代語訳。

1787〜1789

古典訳注

松尾芭蕉著／ドナルド・キーン訳

英文収録　おくのほそ道

元禄二年、曾良を伴い奥羽・北陸の歌枕を訪い綴った文学史上に輝く傑作。磨き抜かれた文章、鏤められた数々の名句、わび・さび・かるみの心を、いかに英語にうつせるか。名手キーン氏の訳で芭蕉の名作を読む。

1814

白石良夫全訳注

本居宣長「うひ山ぶみ」

「漢意《からごころ》」を排し「やまとたましい」を堅持して、真実の「いにしえの道」へと至る。古学の扱う範囲や目的と研究方法、学ぶ者の心構え、近世古学の歴史的意味等、国学の偉人が弟子に教えた学問の要諦とは？

1943

倉本一宏訳

藤原道長「御堂関白記」（上）（中）（下）全現代語訳

摂関政治の最盛期を築いた道長。豪放磊落な筆致と独自の文体で描かれる宮廷政治と日常生活。平安貴族が活動した世界とはどのようなものだったのか。自筆本・古写本・新写本などからの初めての現代語訳。

1947〜1949

糸賀きみ江全訳注

建礼門院右京大夫集

建礼門院徳子の女房として平家一門の栄華と崩壊を目の当たりにした女性・右京大夫が歌に託した涙の追憶。『平家物語』の叙事詩的世界を叙情詩で描き出した日記的家集の名品を情趣豊かな訳と注解で味わう。

1967

馬場光子全訳注

梁塵秘抄口伝集　全訳注

今様とは何か。歌詞集十巻・『口伝集』十巻、現存すれば『万葉集』にも匹敵した中世一大歌謡集の編纂に、後白河院は何を託したのか。今様の「正統」を語りつつ心情を吐露した希代の書。「今様辞典」など付録も充実。

1996

森田　悌著

続日本後紀（上）（下）全現代語訳

『日本後紀』に続く正史「六国史」第四。仁明天皇の即位（八三三年）から崩御（八五〇年）まで、平安初期王朝社会における華やかな国風文化や摂関政治の発達を解明するための重要史料、初の現代語訳。原文も付載。

2014・2015

《講談社学術文庫　既刊より》

文化人類学・民俗学

山折哲雄著

仏教民俗学

日本の仏教と民俗は不即不離の関係にある。日本人の生活習慣や行事、民間信仰などを考察しながら、民衆に育まれてきた日本仏教の独自性と日本文化の特徴を説く。仏教と民俗の接点に日本人の心を見いだす書。

1085

宮本常一著（解説・神崎宣武）

民俗学の旅

著者の身内に深く刻まれた幼少時の生活体験と故郷の風光、そして柳田國男や渋沢敬三ら優れた師友の回想など生涯にわたり歩きつづけた一民俗学徒の実践的踏査の書。宮本民俗学を育んだ庶民文化探求の旅の記録。

1104

小松和彦著（解説・佐々木宏幹）

憑《ひょう》霊《れい》信仰論

日本人の心の奥底に潜む神と人と妖怪の宇宙。闇の歴史の中にうごめく妖怪や邪神たち。人間のもつ邪悪な精神領域へ踏みこみ、憑霊という宗教現象の概念と行為の体系を介して民衆の精神構造＝宇宙観を明示する。

1115

吉野裕子著（解説・村上光彦）

蛇　日本の蛇信仰

古代日本人の蛇への強烈な信仰を解き明かす。注連縄・鏡餅・案山子は蛇の象徴物。日本各地の祭祀と伝承に鋭利なメスを加え、洗練と象徴の中にその跡を隠し永続する蛇信仰の実態を、大胆かつ明晰に論証する。

1378

筑紫申真著（解説・青木周平）

アマテラスの誕生

皇祖神は持統天皇をモデルに創出された！　壬申の乱を契機に登場する伊勢神宮とアマテラス。天皇制の宗教的背景となる両者の生成過程を、民俗学と日本神話研究の成果を用いダイナミックに描き出す意欲作。

1545

赤坂憲雄著（解説・小松和彦）

境界の発生

現今、薄れつつある境界の意味を深く論究。生と死、昼と夜などを分かつ境はいまや曖昧模糊。浄土や地獄も消え、生の手応えも稀薄。文化や歴史の昏がりに埋もれた境界の風景を掘り起こし、その意味を探る。

1549

《講談社学術文庫　既刊より》